Johann Baptist Metz
Tiemo Rainer Peters

GOTTESPASSION

Johann Baptist Metz
Tiemo Rainer Peters

GOTTESPASSION

Zur Ordensexistenz heute

Herder
Freiburg · Basel · Wien

Alle Rechte vorbehalten – Printed in Germany
© Verlag Herder Freiburg im Breisgau 1991
Herstellung: Freiburger Graphische Betriebe 1991
ISBN 3-451-22318-X

Inhalt

Inhalt

Tiemo Rainer Peters
EVANGELISCHE RÄTE –
THERAPEUTISCHE RÄTE

Vorwort

Warum noch einmal auf die Orden verweisen, dazu unter diesem leidenschaftlichen Titel? Befinden sie sich nicht in einer Krise, die aussichtsloser zu sein scheint als damals (1977), da sich der kleine Band „Zeit der Orden?" noch mit einem zwar besorgten, aber auch zuversichtlichen Fragezeichen versah? Dort, im Aufbruch von Konzil und Synode, hieß es, daß die „Stunde der Nachfolge" in besonderer Weise „Zeit" der Ordenschristen sei – nicht, weil sie „die ausschließlichen Träger der Nachfolge wären, sondern weil die eine Nachfolge, zu der unbedingt alle Christen berufen sind, des energischen Anstoßes bedarf und der anschaulich gelebten Radikalität".

Solche Sätze wirken in der postmodernen Nonchalance von heute wie eine überanstrengte Botschaft aus lange vergangener Zeit. Und es ist eben nicht so, daß vor allem die Ordensleute dieser Botschaft hierzulande praktische Plausibilität verschafft hätten. Sie scheinen sich ihrerseits vielmehr wieder gefaßt zu haben und ihrer (Nachwuchs-)Krise zu widmen: Mit den Zahlen steigt und sinkt die Hoffnung – aber diese trägt nicht.

Daß die Ordenskrise nur „sekundär eine Nachwuchskrise" und „primär eine Funktionskrise" ist, war die Überzeugung des Ordensbuches. Sie dürfte so wenig veraltet sein, daß hier erneut und genereller (es geht um mehr als die Orden) anzusetzen ist. Wenn es nämlich wahr ist, daß wir in einem kulturellen Klima leben, das einer geradezu „religionsfreundlichen Gottlosigkeit" huldigt, dann ist die Frage nach der „vita religiosa" dringlicher denn je. Gemeint ist jene „vita", die mehr als das bloße Überleben des Christentums in der Noch- oder Nachmoderne sichert und die darum umso mehr dessen bedarf, was „Zeit der Orden?" als „produktive Vorbilder" kennzeichnete – und zwar innerhalb und außerhalb der Orden. Denn es geht eigentlich um das Grundthema des Christentums, kurz: es geht um „Gottespassion", womit Leidenschaft und Leiden derer benannt sind, die sich Gott nicht ausreden lassen, selbst wenn alle Welt bereits glaubt, daß die Religion ihn nicht braucht oder nicht mehr brauchen kann. In diesem Sinn handelt es sich bei dem Versuch über die Ordensexistenz um das Kurzporträt einer radikal christlichen Existenz heute.

Der erste Text „Religion, ja – Gott, nein" gibt im wesentlichen den Vortrag wieder, den der Verfasser unter dem ihm aufgetragenen Thema „Zeichen

der Zeit – Antwort der Orden" bei der Jahres-
hauptversammlung der Vereinigung der Deut-
schen Ordensobern (VDO) im Juni 1990 in
Würzburg gehalten hat – 14 Jahre nach seinem
Vortrag „Zeit der Orden?" bei gleicher Gelegen-
heit. Der zweite Beitrag „Evangelische Räte – therapeutische Räte" ist eine eher grundsätzliche
fundamentaltheologische Studie über die Orden,
so wie sie sich dem Autor in Rückbesinnung auf
den Ursprung und im Blick auf Gegenwart und
Zukunft in ihrer Wahrheit darstellen. Das unglei-
che Genus bedingt die unterschiedliche Aussage-
form der beiden Texte, die dennoch deutlich
aufeinander bezogen bleiben. Schließlich stehen
beide Autoren, der Nicht-Ordensmann und der
Ordensmann, seit langem, schon seit „Zeit der Orden?", im Gespräch über das ebenso sperrige wie
faszinierende Erbe der Ordenswelt.

Münster, im Januar 1991

Johann Baptist Metz   Tiemo Rainer Peters OP

I

Religion, ja – Gott, nein

Von Johann Baptist Metz

Angesichts der radikalen Fraglichkeit, der das Christentum in einer vermeintlich nachchristlichen Zeit bei uns ausgesetzt ist, darf die Unterscheidung zwischen Ordenschristen und Alltagschristen eigentlich als sekundär gelten. An der Situation der Ordensgemeinschaften wird allenfalls in verschärfter Form deutlich, in welchen Zustand das Christentum überhaupt geraten ist, wenn und insofern man es nicht nur als kulturelles, als ästhetisches oder als psychologisches Phänomen betrachtet und schätzt.

I
WENN ES GEFÄHRLICH WIRD

Ich will mich deshalb nicht lange bei der Frage nach der innerchristlichen Legitimation der Sonderexistenz der Orden aufhalten, obwohl sie bekanntlich seit den Zeiten der Reformation in Frage gestellt ist. In meinem kleinen Buch „Zeit der Orden? Zur Mystik und Politik der Nachfolge"[1], das ja auf einen Vortrag bei Ihnen (1976) zurückgeht, habe ich eingangs[2] den Eigensinn der Orden im gegenwärtigen kirchlichen und gesellschaftlichen Leben zu skizzieren versucht. Das bleibt für mich, soweit ich als Nichtordensmann darüber zu reden befugt bin, weiterhin gültig. Mit Kierkegaard bin ich der Meinung, daß Luther „zu stark zugeschlagen" hat, als er die Sonderexistenz der Orden, des Mönchtums negierte, als er jene „Zwischeninstanz" (wie Kierkegaard sich in diesem Zusammenhang ausdrückte[3]) preisgab, die in einer

---

[1] Freiburg i. Br. 1977, 6. Auflage 1986.
[2] A. a. O. 9–26.
[3] Vgl. Tagebücher X[3] A 218 (1850) u. 267, deutsch nach der Tagebuchauswahl von E. Schlechta, München 1957.

14

bürgerlich temperierten noch- oder nachmodernen Christenheit etwas vom Ernst und von der Radikalität des Christentums einzuklagen sucht, nicht in magistraler Gebärde freilich, sondern in anschaulich-ansteckender Lebensform.

Schließlich braucht ein Christentum, das sich nicht selbst schon überlebt hat, immer wieder Menschen, die „verrückt sind nach Möglichkeit"[4], nach der Möglichkeit Gottes in unserer Welt, in der ein anderer „toller Mensch" – der „tolle Mensch" in Nietzsches „Fröhlicher Wissenschaft"[5] – längst den Tod Gottes verkündet hat. Und schließlich braucht ein Christentum, das seine Grundsituation und seinen Gründungsimpuls nicht gänzlich historisiert und so hinter sich gelassen hat, immer wieder Menschen, die noch etwas wörtlich zu nehmen versuchen vom Wort Gottes und die sich deshalb weigern, sein Ärgernis und seinen Skandal etwa durch eine rein psychologische Hermeneutik und deren Normalitätsbeflissenheit stillzustellen[6].

---

[4] *Kierkegaard,* Die Krankheit zum Tode, Ges. Werke 24/25, Düsseldorf 1954, 35.
[5] Vgl. Werke II (ed. Schlechta 1958) 126 f.
[6] Hier wäre eine ausführliche Überlegung dazu nötig, wieso dieses Wörtlichnehmen nicht identisch ist mit jenem heute weltweit – und quer durch die Religionen und Kulturen – anzutreffenden Fundamentalismus, der mit seiner Art der Diskurs- und Hermeneutikverweigerung die Andersdenkenden bzw. Widersprechenden von vornherein religiös und politisch entmündigt. Dieser

Das Christentum wirkt in seinem Kern wie eine
große Übertreibung, die für eine rein psychologische Betrachtung durchaus wahnhafte Züge annehmen kann. Die Maßstäbe der Aufmerksamkeit, der Zuwendung, der Verantwortung für
Andere, die Jesus entworfen hat, sind beunruhi-
gend, sind „skandalös". Ein Hauch von Anarchie
liegt über seiner Botschaft. Wer kann sie konsequent leben? Und so bemühen wir uns denn seit
2000 Jahren, diese Maßstäbe zu verkleinern, sie
zurückzuschrauben, um mit ihnen auszukommen,
ohne zu viel Umkehr riskieren zu müssen. Doch
immer wieder brach die Beunruhigung, die Rebel-
lion im Christentum dagegen auf, daß diese Maßstäbe entweder willkürlich verkleinert oder mit
einem bloß ästhetischen Radikalismus vertreten
werden. Die Ordensgeschichte ist für mich im
Kern diese innerchristliche Rebellionsgeschichte:
Die Spannung zwischen Nachfolge und Welt, zwischen Mystik und Politik bleibt im Zentrum des
Christentums verwurzelt. Sie kennzeichnet die
Größe und die konstitutionelle Gefährdetheit des

Fundamentalismus, der wie ein Schatten die weltweiten Moder-
nisierungs- und Säkularisierungsprozesse begleitet (und deshalb
auch indirekt auf deren innere Widersprüche verweist), ist m. E.
weniger ein Phänomen der „Radikalisierung" (im wörtlichen
Sinn!) von Religion als vielmehr ein Phänomen der Kompensa-
tion angesichts der Pluralität und Diffusion moderner Lebens-
welten.

Christentums zugleich, kennzeichnet seine apoka-
lyptische Beunruhigung. Die gehört m.E. – und
ich werde davon zu sprechen haben – zu Geist
und Sendung der Orden, auch und gerade heute.

Lassen Sie mich den Eigensinn des Ordenslebens noch kurz durch einen höchst profanen
Vergleich verdeutlichen[7]. In der Film- und Fern-
sehwelt gibt es bekanntlich die sogenannten
Stuntmen, die Doubles, die dann einspringen,
wenn die Geschichte gefährlich, vielleicht gar
halsbrecherisch wird. Man kennt sie kaum, diese
profanen „Stellvertreter". Unscheinbarkeit, Unauf-
fälligkeit gehört zu ihrer Profession. Doch sie sind
unentbehrlich für gewagte Inszenierungen. In
meinen Augen ist das Christentum nicht etwa ein
postmodernes Glasperlenspiel, sondern die ge-
wagteste Inszenierung der Weltgeschichte, denn
Gott selbst ist in sie verwickelt. Und die Orden
springen ein, wenn und wo es besonders gefährlich wird. Historia docet. Und in der Gegenwart?
Was ist, wenn der Jesuit Jon Sobrino, der nur
durch einen Zufall dem Massaker an den Jesuiten
in El Salvador entging, unmittelbar anschließend

---

[7] Odo Marquard, der Gießener Philosoph, hat diesen Vergleich
zur Kennzeichnung der Situation und Funktion des Philosophen
in unserer Wissenschaftswelt verwendet. Ich glaube, daß er sich
noch mehr anbietet zur verknappten Beschreibung des Verhält-
nisses von Christentum und Mönchtum, von Kirche und Ordenskirche.

nach Europa kommt und wie selbstverständlich mit neuen Mitbrüdern ins gefährliche Leben zurückkehrt?

In meinen Augen hat diese Art „Stellvertretung für riskante Situationen" auch etwas mit den Ordensgelübden zu tun – z. B. mit dem heute so besonders umstrittenen Gelübde der Ehelosigkeit. Dieses Gelübde fällt leicht ins Leere, ins Verkrampfte, ins psychologisch Verzerrte, wenn es nicht als eine Freiheit gelebt wird, als eine Freiheit in der Welt und auch in der Kirche, als eine Freiheit, die „die Welt nicht gibt". Wenn nämlich mit den Gelübden nichts gewagt, sondern nur etwas gemieden wird, nehmen sie leicht masochistische Züge an. Vita docet.

Lassen Sie mich in diesem Zusammenhang gleich zu Beginn ein Anliegen wiederholen, das ich schon in meinem ersten Vortrag bei Ihnen (1976) formuliert habe und das dieses Gelübde der Ehelosigkeit betrifft, das in meinen Augen nicht primär eucharistisch, überhaupt nicht ekklesiologisch, sondern – eschatologisch motiviert sein sollte. Ich wiederhole also und nenne damit gleichzeitig eine erste, freilich primär innerkirchliche Aufgabe der Orden: „Wenn der evangelische Rat zur Ehelosigkeit etwas mit der Hoffnungsexistenz in Naherwartung zu tun hat: müssen dann die Orden diesen evangelischen Rat nicht entschiedener für sich reklamieren? Müssen sie dann dieses Charisma nicht – erneuert und radikalisiert – für sich einklagen? Müssen sie nicht in der kirchlichen Institutionalisierung der Ehelosigkeit für alle Priester eher eine gewisse Verdunkelung ihrer ‚spezifischen‘ und unersetzbaren Sendung sehen? Müssen also vielleicht die kritischen Anfragen an den priesterlichen Pflichtzölibat nicht eher von den Orden als von den sogenannten liberalen kirchlichen und außerkirchlichen Kritikern vorgetragen werden? Könnte eine solche von den Orden selbst eingebrachte Fragestellung das ebenso bedrängende wie affektiv überbesetzte Thema des Pflichtzölibats nicht von allerlei falschen Alternativen und Unterstellungen befreien?"[8]

Nun aber will ich mich – versuchsweise und mit vorweg eingestandener Unzulänglichkeit – direkt dem mir aufgetragenen Thema zuwenden, also den „Zeichen der Zeit" und einer „prophetisch-kritischen Antwort der Orden". Wenigstens zwei Hinweise möchte ich noch vorausschicken.

1. Das Christentum vertritt keinen gnostischen Dualismus zwischen Zeit und Ewigkeit, zwischen Schöpfung und Erlösung. Freilich, von Anbeginn hatte es seine liebe Not mit der Zeit und den „Zeichen der Zeit". Immer wieder geriet es in die Versuchung, das ausbleibende Ende der Zeit, die

---

[8] Zeit der Orden?, 66 f.

enttäuschte Naherwartung mit dem gnostischen Axiom von der Zeitlosigkeit des Heils und der Heillosigkeit der Zeit zu überspielen und den Gott Abrahams, den Gott Jesu wie eine platonische Idee zu denken – von Markion bis zur spekulativen Gnosis und den späten Idealismen unserer Tage. Nun ist gerade seit dem jüngsten Konzil im kirchlichen und theologischen Leben wieder viel die Rede von diesen „Zeichen der Zeit", die es mit den Augen des Glaubens wahrzunehmen und in der Kraft der Hoffnung zu durchdringen gilt. Ihnen gilt auch meine Aufmerksamkeit. Freilich will ich hier nicht ausführlich auf jene Zeit-Zeichen zu sprechen kommen, die gegenwärtig ohnehin vielfach erörtert werden, wie z. B. der viel gehörte Ruf nach „Bewahrung der Schöpfung", nach einer Praxis der ökologischen Weisheit also, seit wir erschreckt feststellen, daß wir die Rechnung unseres technisch-ökonomischen Fortschritts ohne den Wirt, d. h. ohne die Natur gemacht haben. Eine Reihe dieser eher vertrauten Zeit-Zeichen werden quer durch diesen Vortrag angesprochen (vor allem auch in V: Sendungsperspektiven). Zunächst und eigentlich geht es mir freilich um jene „Zeichen der Zeit", die das Zentrum des Ordenslebens wie schließlich das Zentrum christlicher Identität überhaupt ins Spiel bringen und herausfordern.

2. Prophetie ist nicht Utopie. Es mag aber sein, daß auch die Prophetie blasser und unbestimmter

wirkt und sozusagen hilfloser gestikuliert in einer
Zeit, da auch sonst die großen Visionen fehlen
oder auch gar nicht erst vermißt werden, in einer
Zeit des „Fehls von Utopien", in einer Zeit zerstör-
ter, verbrauchter, blamierter Utopien, in einer Zeit
entschlossener Utopievermeidung, kurzum: in
dieser Zeit. Das bleibt zu bedenken, wenn es um
die Kennzeichnung einer „prophetisch-kritischen"
Antwort der Orden auf die „Zeichen der Zeit"
geht, wie Sie dies von mir nach Ihrem Themenvor-
schlag wünschen.

II
RELIGION, JA – GOTT, NEIN

Vor Jahren lief bei uns ein Schlagwort um, in dem sich die Stimmung vieler, vor allem vieler junger Menschen, vieler junger Christen niederschlug. Es lautete: Jesus, ja – Kirche, nein. Wenn ich eine Diagnose für heute wagen sollte, für diese letzte Dekade unseres Jahrtausends, aus theologischer Perspektive zwar, aber nicht nur für die Kirche, sondern auch für unsere gegenwärtige Gesellschaft, dann würde ich sie so bilanzieren: Religion, ja – Gott, nein. Und was deshalb von den Orden heute zunächst und in erster Linie gefordert wäre – nicht als Doktrin, sondern als Lebensform –, ist das Elementarste und Riskanteste des Glaubens zugleich: Gotteszeugenschaft in einer religionsfreundlichen Gottlosigkeit, in einem Zeitalter der Religion ohne Gott.

Offensichtlich ist die Zeit der großen, der leidenschaftlichen Atheismen der Moderne vorüber. So merkwürdig es klingen mag: mit ihnen gab es für die Christen gleichwohl noch einen Konsens hinsichtlich des Ernstes der Gottesfrage. Diese

Gottesfrage wurde den modernen Atheismen vor allem strittig angesichts der abgründigen Leidensgeschichte der Welt. Sie sahen keine Möglichkeit, die uralte Theodizeefrage als eschatologische Frage aufrechtzuerhalten[9]. Aber sie waren eben noch in der Verneinung, in der Leidenschaftlichkeit der Gotteskritik den Christen nahe.

Heute geht es im Streit der Welt nicht mehr um diese Atheismen. Aber geht es noch oder wieder um Gott? Es geht, so hört und liest man, um Religion. Eine neue Religionsfreudigkeit, die man vorsichtiger als neue Mythenfreudigkeit kennzeichnen sollte, breitet sich aus: unter Intellektuellen vorweg, aber auch bei Managern und Gemanagten, bei denen, die von ihren elektronisch vernetzten und verkabelten Arbeitsplätzen zurückkehren und deren Phantasien sich vom antlitzlosen Computer erholen wollen. Religion als kompensatorischer Freizeitmythos hat Konjunktur in unserer noch- oder nachmodernen Welt. Der Prophet dieser Religion ist freilich nicht Jesus, aber auch nicht etwa Marx, sondern, wenn denn schon ein einzelner Name exemplarisch genannt werden soll: Nietzsche. Im vergangenen Herbst hat ein deut-

---

[9] Zur Gottesfrage im Horizont der Theodizeefrage, also angesichts der Leidensgeschichte der Welt vgl. meinen Beitrag: Theologie als Theodizee?, in: *W. Oelmüller* (Hrsg.), Theodizee – Gott vor Gericht?, München 1990, 103–118.

scher Politiker, offensichtlich ergriffen von den dramatischen Umbrüchen in Osteuropa, den Satz formuliert: „Marx ist tot. Jesus lebt." Doch das ist eher ein konfessorischer als ein diagnostischer Satz. Diagnostisch könnte er allenfalls – zumindest für unser westliches Europa (und wohl weit darüber hinaus) – lauten: „Marx ist tot, Nietzsche lebt." Und das macht den Christen die Situation nicht leichter.

Religion, gibt sie sich nur dionysisch, als Glücksgewinnung durch Leid- und Trauervermeidung und als Beruhigung vagabundierender Ängste, Religion als mythische Seelenverzauberung, als psychologisch-ästhetische Unschuldsvermutung für den Menschen, die alle eschatologische Unruhe im Traum von der Wiederkehr des Gleichen oder auch, religionsnäher noch, in neu aufkeimenden Seelenwanderungs- und Reinkarnationsphantasien stillgestellt hat: Religion in diesem Sinne ist höchst willkommen. Aber Gott? Aber der Gott Abrahams, Isaaks und Jakobs, der auch der Gott Jesu ist?

III
SELIGPREISUNGEN ALS EINWEISUNGEN
IN DIE GOTTESPASSION

Als ich 1976 zu Ihnen sprach, versuchte ich mich an der Auslegung der Drei Evangelischen Räte[10]. Diesmal möchte ich, im Blick auf die geforderte Gotteszeugenschaft der Orden, etwas sagen zu den Seligpreisungen der Bergpredigt – natürlich nur in Auswahl und jeweils auf den Punkt verkürzt. In meinen Augen sind diese Seligpreisungen nämlich so etwas wie Einweisungen in die fundamentale Herausforderung heute, in das, was ich die Gottespassion nennen möchte, die Gottespassion im doppelten Sinn des Wortes: als Leidenschaft für Gott und als eingestandenes Leiden an Gott.

1. *„Selig, die arm sind vor Gott.“*[11] Ich gestehe, daß das Nachsinnen über diese Seligpreisung meine ganze theologische Biographie durchzieht. Schon

---

[10] Vgl. Zeit der Orden?, 48 ff.
[11] Die Makarismen werden hier jeweils nach der sogenannten Einheitsübersetzung zitiert.

1962 erschien ein kleines Buch von mir unter dem Titel „Armut im Geiste". In ihm ging es um die Schwierigkeit, ja zu sagen, um die Fähigkeit der Selbstannahme. Als ich 1977 die „Zeit der Orden?" veröffentlichte, betonte ich vor allem den inneren Zusammenhang zwischen der Rede von der biblischen Armut und den konkret Armen, die bekanntlich die Privilegierten bei Jesus waren. Hier möchte ich nun einen Grundzug dieser Seligpreisung skizzieren, der sich m. E. direkt auf die Gotteszeugenschaft bezieht[12]. Nicht von ungefähr verdankt er sich dem alttestamentlich-israelitischen Hintergrund der Botschaft Jesu, der auch im christlichen Gotteszeugnis nicht ausgeblendet oder als überholt abgetan werden kann.

Keiner weiß das besser als Paulus (1 Kor 8,4). Im Sch'ma Israel – im „Höre, Israel, dein Gott ist Einer", von Dtn 6,4 – wird schließlich erstmals und einzigartig der Name „Gott" auf die Menschen gelegt, hier bricht das Gottesbekenntnis in der Religionsgeschichte der Menschheit durch. Solange es um „Religion" geht (was immer das in

---

[12] Die nachfolgenden Überlegungen raffen die gesamte vorchristliche biblische Geschichte unter dem Satz zusammen: Israel war unfähig, sich von Mythen trösten zu lassen. Vgl. dazu auch meine Überlegungen in: Theologie gegen Mythologie (Herder-Korrespondenz, April 1988), Die Synagoge als Gotteslehrerin (in: Schottroff/Thiele, Hrsg., Gotteslehrerinnen, Stuttgart 1989), Kirche nach Auschwitz (u.a. in: Kirche und Israel 1990/H 2) und in dem unter Anm. 9 angeführten Text.

unserer religionsfreundlich gestimmten Welt von heute heißt), mag man ja auf diesen Zusammenhang verzichten können. Wo es indes um „Gott" geht und auch um „Gebet", ist die in diesen Traditionen artikulierte Gotteserfahrung und Gottespassion unverzichtbar[13].

Was eigentlich, so habe ich mich oft gefragt, unterscheidet das vorchristliche Israel, was unterscheidet dieses kleine, kulturell eher unbedeutende und politisch ruhmlose Wüstenvolk von den glanzvollen Hochkulturen seiner Zeit, von Ägypten, von Persien, von Griechenland? In mei-

---

[13] In Israels Gottespassion wurzelt das, was man später den biblischen Monotheismus nennen wird. Der ist gegenwärtig schärfster Kritik ausgesetzt. Er gilt vielen als Herrschaftsideologie, als Anlaß zu einem vordemokratischen, gewaltenteilungsfeindlichen Souveränitätsdenken, als Quelle eines obsoleten Patriarchalismus und politischer Fundamentalismen. Nietzsche spricht seinerseits vom „erbarmungswürdigen Gott des christlichen Monotono-Theismus". Und auch die christliche Theologie geht inzwischen vielfach auf Distanz zu diesem biblischen Monotheismus. Sie sucht ihn z. B. tiefenpsychologisch auf eine polymythische Urgeschichte der Menschheit zu hintergehen oder – mit trinitätstheologischen Motiven – auf eine innergöttliche Geschichte hin zu durchschauen und aufzulösen.

In meinen Augen freilich sind solche Versuche letztlich nichts anderes als die theologische Spiegelung der polytheistisch und polymythisch getönten Atmosphäre unserer sogenannten postmodernen Welt. Jedenfalls ist der biblische Monotheismus, recht verstanden, überhaupt kein System, sondern ein Ereignis, ein eschatologisches Ereignis. Als solches ist er nicht ein machtpolitischer, sondern ein eher pathischer Monotheismus mit einer schmerzlich offenen eschatologischen Flanke. Das unterscheidet ihn von allen nichtbiblischen Monotheismen.

nen Augen ist es eine besondere Art von Wehrlo-
sigkeit, von Armut, ist es in gewisser Weise die
Unfähigkeit Israels, sich von den Widersprüchen,
von den Schrecken und Abgründen der Wirklichkeit erfolgreich zu distanzieren – etwa durch My-
thisierungen oder Idealisierungen der Lebenszu-
sammenhänge. Israel kannte keinen mythischen
bzw. ideellen „Reichtum im Geiste", mit dem es
sich über die eigenen Ängste, über die Fremde des
Exils und über die immer wieder aufbrechende
Leidensgeschichte selbst erheben konnte. Es blieb
in seinem innersten Wesen mythisch und idealistisch stumm. Gegenüber den mächtigen, glanz-
voll blühenden Kulturlandschaften seiner Zeit
blieb Israel letztlich eine eschatologische „Land-
schaft von Schreien"[14], eine Erinnerungs- und Er-
wartungslandschaft. Es zeigte wenig Begabung
zum Vergessen und gleichzeitig wenig Fähigkeit
zur selbsttätigen „idealistischen" Verarbeitung
von Enttäuschungen. Auch dort, wo es, kulturell
überfremdet, Mythenangebote und Idealisie-
rungskonzepte importierte und nachahmte, hat es
sich doch nie mit ihnen endgültig getröstet. Man
könnte also geradezu sagen, Israels „Erwählung",
seine Gottfähigkeit, zeigte sich in dieser besonderen Art seiner Unfähigkeit: nämlich in der Unfähigkeit, sich von geschichtsfernen Mythen oder

---

[14] Nach einem Wort von Nelly Sachs.

Ideen trösten zu lassen. Eben das möchte ich Israels „Armsein vor Gott" nennen, seine „Armut im Geiste", die Jesus seligpries.

Daran wäre in unserer mythenfreudigen Postmoderne auch unsere christliche Gotteszeugenschaft zu erinnern. Schließlich gilt auch für uns: Wer die Botschaft von der Auferweckung des Christus so hört, daß in ihr der Schrei des Gekreuzigten unhörbar geworden ist, der hört nicht das Evangelium, sondern einen Siegermythos. Wer die christliche Botschaft so hört, daß es in ihr nichts mehr zu erwarten, sondern nur noch etwas zu „konstatieren" gilt, der hört falsch. Auch die Christologie ist nicht ohne eschatologische Unruhe, auch sie ist nicht ohne jenen Schrei, mit dem bekanntlich nicht das Alte, sondern das Neue Testament endet, jenen Schrei, den wir inzwischen freilich mythisch oder idealistisch zum Verstummen gebracht haben.

Über dem Christentum liegt ein Hauch von Unversöhntheit. Ihn zu verscheuchen wäre nicht Ausdruck starken Glaubens, sondern der Kleingläubigkeit. Glauben wir an Gott – oder glauben wir an unseren Glauben an Gott und darin vielleicht nochmal an uns selbst bzw. an das, was wir gern von uns hielten? Hat aber ein Glaube, der nicht nur an sich selbst glaubt, sondern – an Gott, hat ein solcher Glaube in dieser Welt nicht notwendig die Gestalt einer Rückfrage in zeitlich ge-

spannter Erwartung? Nicht vage schweifende
Fragen, wohl aber leidenschaftliche Rückfragen
gehören zu jener Gottespassion, über die wir uns
gerade heute zu verständigen hätten. Ist womöglich zu viel Gesang und zu wenig Geschrei in unserer christlichen Spiritualität? Zu viel Jubel und
zu wenig Trauer, zu viel Zustimmung und zu wenig Vermissen, zu viel Trost und zu wenig Trö-
stungshunger?

Für die Gotteszeugenschaft auch und gerade gegenüber jungen Menschen scheint mir diese Frage
entscheidend zu sein. Sie speist sich aus der ersten
Seligpreisung Jesu, die keineswegs nur einem er-
schöpften Leben gilt, das alle Signale bereits auf
Halt und Sicherheit gestellt hat[15].

---

[15] Die in dem hier entfalteten Verständnis des Armseins vor
Gott zutage tretende „negative Theologie", das hier ernstgenom-
mene „Bilderverbot" entzieht den Gott der biblischen Botschaft
allen Versuchen, sich selbst einen „passenden" Gott zurechtzu-
machen. Wie sagte mir doch kürzlich eine Frau nach einem Vortrag „ihres" Therapeuten: „Mit seiner (sc. des Therapeuten) Hilfe
habe ich mir ein Gottesbild angeeignet, mit dem ich endlich
glücklich sein kann." Mit diesem Hinweis sei keineswegs geleugnet, daß nicht nur manche Psychologie, sondern auch die
kirchliche Verkündigung gern „passende" Gottesbilder verab-
reicht, in diesem Fall vorzüglich die zum Autoritätsgebaren der
Kirche (bzw. der Prediger) „passenden" Gottesbilder.
    Wieso z. B. konzentriert sich die offizielle kirchliche Verkün-
digung angesichts der Leidenssituation in unserer Welt so sehr
auf die Schuld des Menschen (vor allem und mit Vorliebe im se-
xuellen Bereich) und so wenig auf die „Schuld" Gottes angesichts der himmelschreienden Zustände seiner Schöpfung? Steht
da die Kirche in ihrer Moralpredigt nicht zu sehr auf der Seite

2. *„Selig die Trauernden":* ... denn sie werden getröstet werden, heißt bekanntlich der Nachsatz. Der in der europäischen Moderne durchgesetzte Wille zur Macht – über die Natur, aber auch über andere Gesellschaften und Kulturen – hat uns in eine konstitutionelle Ferne zur Trauer gerückt. Mit der Unfähigkeit zu trauern wächst indes auch die Unfähigkeit, sich trösten zu lassen und Trost anders zu verstehen denn als pure Vertröstung. Doch, so interpretiert der Philosoph Th. W. Adorno eine Kierkegaard-Passage zu Recht: „Der Schritt aus Trauer in Trost ist nicht der größte, sondern der kleinste." [16]

Die christliche Gotteszeugenschaft ist keineswegs trauerfern. Wie aber? Trauern heißt doch offensichtlich, substantiell etwas zu vermissen. Also: Gott vermissen? Ja! Dieses Vermissen spielt zwischen Trauer und Hoffnung. Die Trauerferne haben wir uns nur in einer Art christlichem Vollendungs- und Versöhnungswahn eingeredet, der für mich schließlich nichts anderes ist als ein Symptom der Vergreisung des Christentums, das seine uneingestandenen Ängste durch Überaffirmation,

---

der Freunde Hiobs und zu wenig auf der Seite Hiobs selbst, der dem Glauben auch leidenschaftliche Rückfragen an Gott zugetraut hat? Hat Jesus solche Rückfragen zum Verstummen gebracht oder nicht vielmehr eher verschärft?

[16] *Th. W. Adorno,* Kierkegaard. Konstruktion des Ästhetischen, Frankfurt 1962, S. 253.

durch das Pfeifen im Walde zu kompensieren sucht. Trauer indes ist kein Schwächeanfall der Hoffnung, es sei denn, man mißverstehe die Hoffnung als eine Spielart von pausbäckigem Optimismus. Trauer ist Hoffnung im Widerstand – im Widerstand gegen die rasende Beschleunigung der Zeit, in der wir immer mehr uns selbst abhanden kommen; im Widerstand gegen das Vergessen und gegen jenes Vergessen des Vergessens, das bei uns die Namen „Fortschritt" und „Entwicklung" trägt; im Widerstand gegen den Versuch, alles Entschwundene und unwiederbringlich Vergangene zum existentiell Bedeutungslosen herabzustufen, also im Widerstand gegen den Versuch, dem Wissen des Menschen um sich selbst das Vermissen auszutreiben.

Ist aber solches Vermissen überhaupt noch tröstlich? Und will anderseits der biblische Gott nicht vor allem dies sein: Trost für die im Leid Zerfallenden, Beruhigung für die von Existenzangst Umgetriebenen? Hier kommt es m. E. sehr darauf an, die biblischen Tröstungsverheißungen nicht mißzuverstehen. Unsere säkularisierte Moderne hat die Sehnsucht nach Trost weder beantworten noch völlig beseitigen können. Entsprechend werden uns heute – quasi postmodern – Mythen und Märchen als Tröstungspotentiale angeboten. Und die Empfänglichkeit für sie reicht offenbar bis tief in die verunsicherte Christenheit. Haben wir uns selbst und andere im unklaren gelassen über den biblischen Sinn des Trostes?

Der Gott Jesu macht nicht unglücklich. Aber macht er glücklich? Beantwortet er unsere Glückserwartungen? Die sollen hier keineswegs misanthropisch denunziert werden. Freilich muß darauf geachtet werden, daß sich heute immer mehr solche Glückserwartungen ausbreiten und durchsetzen, die kein „Glück inklusive Schmerz"[17], kein von Leid oder Trauer unterströmtes Glück mehr kennen wollen, die vielmehr am je eigenen Glück mit Leid- und Trauervermeidungsstrategien arbeiten.

Macht Gott in diesem Sinn glücklich? Im Sinn eines sehnsuchts- und leidensfreien Glücks? War Israel je in diesem Sinn glücklich mit Jahwe? War Jesus in diesem Sinn glücklich mit seinem Vater? Macht biblisch gegründete Religion in diesem Sinn glücklich? Schenkt sie gelassene Selbstversöhntheit, ein Innewerden unserer selbst ohne jegliches Erschrecken und Aufbegehren, ein Wissen um uns selbst, ohne etwas zu vermissen? Beantwortet sie die Fragen? Erfüllt sie die Wünsche, wenigstens die glühendsten? Ich zweifle.

---

[17] Vgl. zu diesem Thema die Diskussion zwischen Dorothee Sölle und mir: Welches Christentum hat Zukunft?, Stuttgart 1990.

Wozu dann aber Gott? Wozu dann unsere Gebete? Gott um Gott zu bitten ist schließlich die Auskunft, die Jesus seinen Jüngern über das Gebet gibt. Jedenfalls lese ich so die zentrale Gebetsauskunft bei Lk 11,1–13, spez. 13. Andere Tröstungen hat er, genau genommen, nicht in Aussicht gestellt. Sein Trostversprechen entrückt uns jedenfalls nicht in ein mythisches Reich spannungsloser Harmonie und fragloser, identitätsmächtiger Versöhntheit mit uns selbst.

Eugen Drewermann meint in seinem Klerikerbuch[18], in unserem Kulturkreis gäbe es wohl nur eine Gruppe von Menschen, die wir von fern in die Nähe der nonkonformistischen Lebensform Jesu rücken können, und er nennt – die Dichter, verweist auf Goethes Elegien, Rilkes Sonette, Stefan Zweigs Novellen. Doch hier scheiden sich wohl die Geister.

Als ich diesen Text vorbereitete, war mir ein anderes Antlitz nahe, das Antlitz meines Lehrers Karl Rahner. Er war mir, über den Lehrer und Freund hinaus, zum Vater meines Glaubens geworden. Bei einer Predigt zu seinem 50jährigen Priesterjubiläum habe ich das von ihm, dem Ordensmann, so zu sagen und seine Art eines exi-

---

[18] Vgl. *E. Drewermann,* Kleriker. Psychogramm eines Ideals, Olten 1989 u. ö., 719.

stentiellen Nonkonformismus so zu erläutern versucht[19]:

„Ein Vater des Glaubens – und selber heimatlos. So waren sie, so sind sie wohl alle, diese Väter des Glaubens, diese Knechte Gottes – in den abrahamitischen Traditionen, in den paulinischen Traditionen, in den ignatianischen Traditionen. An ihnen zeigen sich die Spuren jener messianischen Heimatlosigkeit des Sohnes, die uns aus dem Evangelium überliefert ist ... Nie hat uns Karl Rahner das Christentum als eine Art bürgerliche Heimatreligion interpretiert, der alle tödlich bedrohte Hoffnung, jede verletzliche und widerspenstige Sehnsucht ausgetrieben ist. Nie empfand ich sein Glaubensverständnis als eine Art Sicherheitsideologie, als eine feierliche Überhöhung des erreichten Stands der Verhältnisse, und seien es die fortschrittlichsten. Immer blieb Heimatlosigkeit, quer zu allem blieb eine Sehnsucht, die ich nie als sentimental empfand, nie auch als pausbäckig-optimistisch, nie als himmelstürmend, sondern eher wie einen lautlosen Seufzer der Kreatur, wie einen wortlosen Schrei nach Licht vor dem verhüllten Antlitz Gottes. Im Alter ist ihm, wenn ich recht sehe, diese Sehnsucht nicht leichter und beschwingter geworden. Eher noch unaus-

---

[19] Aus: *J. B. Metz,* Den Glauben lernen und lehren. Dank an Karl Rahner, München 1984, S. 24 f.

sprechlicher, schwermütiger, bleierner. Ja, diese
bleierne Sehnsucht, diese wehrlose Heimatlosigkeit! Weil der Weg nicht zu Ende ist und die Mü-
digkeit groß; weil zu viel Asche schon die dunkle
Glut des Lebens bedeckt und kein Sturm vom Pa-
radies her sie neu entfacht; weil ein schleichendes
Gefühl der Überflüssigkeit die ganze Schwere dieser Gottessehnsucht offenbaren kann ..."

Auf diese Weise ist mir Karl Rahner – und vielen, gerade auch vielen jungen Menschen! – zum
Gotteszeugen in dieser Zeit geworden. In solcher
Zusammenführung von Lebensgeschichte und
Glaubensgeschichte geschieht übrigens heute ein
wesentliches Stück jener „Tradierung des Glaubens", an der das großkirchliche Leben immer
mehr zu scheitern droht und um die sich – dies sei
hier keineswegs geleugnet – auch eine tiefenpsychologisch orientierte Theologie ihrerseits be-
müht.

3. *„Selig, die hungern und dürsten nach Gerechtigkeit"* –
selig, die hungern und dürsten nach jener ungeteilten Gottesgerechtigkeit, die für alle gelten soll,
für Lebende und Tote, für gegenwärtige und vergangene Leiden. Das leidenschaftliche Interesse
an dieser ungeteilten Gottesgerechtigkeit gehört
in die Konstitution der Gotteszeugenschaft. Sie ist
in diesem Sinn mystisch und politisch zugleich:
mystisch, weil sie das Interesse an der Rettung

vergangener, ungesühnter Leiden nicht preisgibt; politisch, weil sie gerade dieses Interesse an ungeteilter Gerechtigkeit immer wieder auch auf die Gerechtigkeit unter den gegenwärtig Lebenden verpflichtet. Wo der eschatologische Gott, postmodern, aus der Religion verschwindet, wird die Religion nicht etwa erst politikfähig, sondern ganz und gar unpolitisch, ganz und gar ihrer prophetisch-gesellschaftskritischen Kraft beraubt.

Die christliche Gotteszeugenschaft ist durchaus von einer politischen Spiritualität, von einer politischen Mystik geleitet. Nicht im Sinne einer Mystik der politischen Macht und der politischen Herrschaft, sondern – um es in einer Metapher auszudrücken – als eine Mystik der offenen bzw. geöffneten Augen. Nicht nur die Ohren (zum Hören), auch die Augen sind ein Organ der Gnade! Jesus ist nicht Buddha! Mit allem Respekt vor fernöstlicher Mystik und Spiritualität sei dies betont. Jesus lehrte schließlich keine steile Mystik der geschlossenen Augen, sondern eine Gottesmystik der gesteigerten Wahrnehmungsbereitschaft, eine Mystik der offenen Augen, die mehr und nicht weniger sieht, die vor allem unsichtbares, ungelegenes Leid sichtbar macht und – gelegen oder ungelegen – darauf aufmerksam macht und dafür einsteht, um des menschenfreundlichen Gottes willen.

Wir selbst freilich setzen in Sachen Gott und

Heil nur zu gern auf Unsichtbarkeit, auf Wahrneh-
mungsferne, auf „unsichtbare Gnade". Jesus aber
besteht offensichtlich auf Sichtbarkeit und Wahrnehmungspflicht – z. B. in der Parabel vom Barm-
herzigen Samariter oder bei den Gerichtskriterien
in der „kleinen Apokalypse" (von Mt 25) – und
dies zu unserer immer neuen Verwunderung:
„Herr, wann denn hätten wir dich gesehen, nackt
gesehen, hungernd gesehen, im Gefängnis gesehen ...?"

Politische Unschuld ist deshalb solcher Gotteszeugenschaft nicht gegönnt. Sie ist schließlich se-
henden Auges in jene Geschichte verstrickt, in der
gekreuzigt und gepeinigt wird, gehaßt und spär-
lich geliebt, und kein geschichtsferner Mythos,
keine weltblinde Gnosis kann ihr jene Unschuld
zurückschenken, die sie in einer solchen geschichtlichen Prüfung verliert. Der uns in Jesus
nahegekommene Gott ist offensichtlich nicht so
sehr daran interessiert, wie und was wir zunächst
einmal über ihn denken, sondern wie wir uns zu
den Anderen verhalten; und erst dies, wie wir mit
Anderen umgehen, läßt dann erkennen, wie wir
über ihn denken und was wir von ihm halten.

IV
ICHWERDEN AN DEN ANDEREN

Die angesprochene Gotteszeugenschaft, die hier
angedeutete Gottespassion, die ich für den ele-
mentaren kritisch-prophetischen Auftrag der Orden in unserer Zeit halte, verlangt offensichtlich
„starke Subjekte", bei denen Lebensgeschichte
und Glaubensgeschichte authentisch ineinander-
greifen und nicht überichhaft und allemal neuroti-
sierend aufeinandergepfropft sind. Rat und Bei-
stand der Psychologie können hier durchaus
hilfreich sein für eine gelungene Zusammenführung von Lebens- und Glaubensentwurf. Ihr kri-
tisch-therapeutischer Einspruch ist unbedingt zu
hören, solange sie sich nicht ihrerseits als Reli-
gions- und Theologieersatz geriert bzw. solange
sie um ihre eigenen Einseitigkeiten und Blindhei-
ten weiß. Weiß sie das aber?

Für mich, den politischen Theologen, wirkt die
auf das Ordensleben eingehende tiefenpsycholo-
gische Theologie zu unpolitisch, genauer: zu ich-
verliebt; sie erweist sich für mich am Ende als

jener Narzißmus, für dessen Therapie sie sich aus-
gibt. Sie suggeriert dort religiöse Tiefe im Ich,
traumverschlüsselte Abgründe, wo in Wahrheit so
lange Flachheit und schiere Untiefe herrschen, als
dieses Ich sich nicht an den Anderen, mit den Anderen, für Andere erfährt und bewährt. Solches
Ichwerden an den Anderen ist vielleicht nicht so
wichtig für die kleinen Hoffnungen, aber es ist un-
erläßlich für die großen, die lebensprägenden
Hoffnungen. Sie sind es, die das an und mit Anderen entzündete Ich erfordern. Das jedenfalls lehrt
die biblische Urgeschichte der Subjektwerdung[20].

---

[20] „Subjektwerdung" gehört in das Grundprogramm der neuen
politischen Theologie (vgl. etwa meinen Band „Glaube in Geschichte und Gesellschaft", Mainz 1977 u. ö.). Dieses Subjekt-
verständnis – und das korrespondierende Ichsagen in der Theologie – ist in einer *anamnetischen Anthropologie* fundiert, in einer
Erinnerungsanthropologie, in der das Subjekt an den Anderen,
mit den Anderen (den Lebenden, fern und nah, und den Toten,
den Besiegten und Opfern) zu sich selbst kommt und auch nur so
sich selbst – in seiner Ichtiefe – weiß. Denn wo es ganz und gar
um mich selbst geht, geht es nie nur um mich allein. Dieses „politische" Ich ist zu unterscheiden vom idealistischen Ich in der
Theologie (zeitlos, schicksalslos, in allen Subjekten gleich), vom
interpersonalen Ich (das über das andere Du zu sich kommt) wie
schließlich auch vom tiefenpsychologischen Ich, soweit dieses
Ich sich in seiner Identität vor den Anderen und ohne die Anderen begreift, etwa nach der therapeutischen Maxime, daß nur der
mit sich selbst bereits versöhnte Mensch sich auch mit Anderen
versöhnen könne, daß nur der auch die Anderen (in ihrem An-
derssein) annehmen könne, der sich selbst bereits angenommen
hat.
  Zur anamnetisch fundierten Anthropologie wie zum Begriff
anamnetischer Vernunft vgl. z. B. meinen Beitrag „Anamnetische

Darin wurzelt der Urentwurf für „Kirche", und dies nicht etwa aus Gründen der Observanz, der Subordination oder des Amtsdenkens, sondern aus Gründen der zugemuteten und vergönnten Hoffnung, die keiner für sich allein hoffen kann. Darin gründet der Urentwurf für die vita communis, ohne die die eschatologische Hoffnung der Christen nicht ist. Nicht die isolierte eigene Lebenszeit ist die Matrix dieser Hoffnung, sondern immer auch und unumgänglich die Zeit der Anderen, nicht nur der eigene Untergang im Tod, sondern der Untergang der Anderen, der Tod der Anderen hält die eschatologische Unruhe im eigenen Herzen wach.

Alles bei Jesus ist so ausgerichtet. Seine Bilder und Visionen vom Reich Gottes – vom großen Frieden der Menschen und der Natur im Angesichte Gottes, von der Heimat und vom Vater, vom Reich der Freiheit, der Gerechtigkeit und der Versöhnung, von den abgewischten Tränen und vom Lachen der Kinder Gottes – kann keiner nur im Blick auf sich selbst und für sich allein hoffen, keiner sich allein zutrauen, gewissermaßen in unbegleiteter Transzendenz nach innen. Indem er sie

---

Vernunft", in: Zwischenbetrachtungen im Prozeß der Aufklärung (Festschrift J. Habermas), Frankfurt 1989, meinen Text zur Krise der Geisteswissenschaften (in: *H.-P. Müller* (Hrsg.), Verantwortung des Wissens, Stuttgart 1990) wie auch die in Anm. 9 und 12 angeführten Beiträge.

Anderen zutraut und zuträgt, sie „für Andere"
hofft, gehören sie auch ihm. Nur so. Das gilt für
die Radikalität der eschatologischen Hoffnung –
und auch für die Umkehr, die in ihrer Tiefe ge-
lingt, wo sie einem von Anderen zugetraut und
zugemutet wird. Das alles ist nicht simple, ichver-
gessene oder übericherzeugende Institutionen-
apologie, ist nicht verschlüsselte Gehorsamsrheto-
rik. Es stellt im Gegenteil die authentischen
Kriterien zur Kritik aller institutionellen Erschei-
nungsformen bereit, die in die Ich-Isolation, in die
Ich-Flucht und damit in fragwürdige Beherrsch-
barkeit führen. Das starke Ich, das starke Subjekt
der Hoffnung und der Gotteszeugenschaft ist ein
Plurale tantum [21].

---

[21] Gewiß, „bedürftig" ist solche Hoffnung, weil sie nur lebbar
ist zusammen mit Anderen, im Angesicht der Anderen, die auch
noch anders (nicht unbedingt: anderes!) zu hoffen gelernt haben
bzw. lernen mußten. Doch diese „Abhängigkeit" und „Bedürftig-
keit" garantiert erst die lebendige und attraktive Vielfalt in der
Glaubenswelt und überwindet die übliche auskunftsarme Ste-
reotypie bei den meisten Glaubensaussagen. Gerade das konstitutionelle Mit-Anderen-Sein ermöglicht das authentische Ichsagen, auch in der Theologie. So auch versuche ich meine Theologie durchaus aus meiner eigenen Erfahrungswelt zu formulie-
ren, die mir z. B. sehr früh die Möglichkeit verlegte, die Hoffnung als eine Art naturwüchsiges Vertrauen zu verstehen: Früh
zerfielen – in meinen Kriegserfahrungen als Junge, angesichts
der getöteten Antlitze so vieler Anderer – die Träume meiner
Kindheit, das Gefühl für eine mehr oder minder fugendichte
Normalität meines Lebens. Und ein Hauch von Unruhe und Unversöhntheit, gewissermaßen eine besondere Theodizee-Emp-
findlichkeit, die Konjugation von Hoffnung und Gefahr usw.

In den 60er und frühen 70er Jahren, in jener utopiegeschwängerten Zeit, hatten wir ständig darauf zu achten, daß unsere eschatologische Hoffnung nicht umstandslos mit einer Utopie verwechselt wurde, zu der bekanntlich niemand betet und schreit. Inzwischen stehen wir vor einem anderen, in meinen Augen noch schwerer wiegenden Problem, speziell auch im Blick auf das Ordensleben. In unserer noch- oder nachmodernen Zeit der Utopieschrumpfung, der Utopieverweigerung und des Visionsverzichts (oder der Visionsverkümmerung?) sind Lebensentwürfe, die auch das bisher ungelebte Leben unwiderruflich einbeziehen wollen, kaum mehr oder nur noch höchst mühsam zu verdeutlichen. Kein Wunder, daß gerade jetzt auch innerhalb der Kirche und der Theologie der Verdacht aufbricht, daß das praktizierte Gelübdeleben wahnhafte Züge trägt oder zumindest ständig in Gefahr ist, solche Züge anzunehmen.

Nur jene Ordensgemeinschaften, die diesen Verdacht gegen sich selbst nicht einfach in den Wind schlagen, dürfen auch eine zeitkritische Gegenfrage und gewissermaßen einen Gegenverdacht äußern. Mit welchen Kriterien für Normali-

---

begleitet von Anfang an meine theologische Arbeit (vgl. dazu z. B. die biographischen Hinweise in dem in Anm. 17 genannten Text).

tät, für seelische Gesundheit und „Reife" wird
denn hier das Ordensleben beurteilt? Warum
sieht man die Orden nicht auch als eine – nicht unbedingt als die einzige, aber doch als eine exemplarische – Lebensform, die gegen uneingestan-
dene wahnhafte Züge unserer eigenen „aufgeklärten" Lebenswelt steht?

Gibt es heute nicht so etwas wie einen grassie-
renden Unschuldswahn, einen Entpflichtungs-
wahn, eine Voyeursmentalität, eine Art Pilatus-
wahn, der zwar nicht an die Macht will, aber eben
nur, weil er eigentlich nichts will – außer sich
selbst, außer seiner eigenen Unschuld? Und greift
solcher Wahn nicht auch an die Substanz – nicht
nur der Glaubensoptionen, sondern der Humani-
tätsoptionen überhaupt? Ich kann das auch so zu
verdeutlichen suchen: Das Marktdenken, das
Tauschdenken, das heute ökonomisch universal
wird, ist nicht mehr nur auf die Ökonomie be-
schränkt. Es tastet inzwischen nicht nur die Auto-
nomie des politischen Lebens an, es hat auch
bereits die Grundlagen unseres seelischen Lebens
erreicht. Alles erscheint nämlich tauschbar, aus-
tauschbar, auch die zwischenmenschlichen Bezie-
hungen, auch die Lebensentwürfe. Man lebt nur,
wenn man mehrere Male lebt. Lebensoptionen
gibt es, wenn überhaupt, nur noch als Optionen
mit Vorbehaltsklauseln. Engagement gibt es,
wenn überhaupt, nur noch als Engagement mit

Umtauschrecht[22]: „Hier stehe ich, ich kann auch anders. Ich bin nie bloß meiner Meinung. Alles geht, auch das Gegenteil ..." Irgendetwas also geht seinen lautlosen Gang. Kann so die Menschheit ihren Gang gehen?

Solche Fragen und Perspektiven kann und soll man m. E. auch gegenüber jungen Menschen heute deutlich machen. Die starken, meinetwegen die reifen Subjekte sind jedenfalls nicht die, die einer solchen Mentalität geschmeidig angepaßt sind und die letztlich nur dazu beitragen, den Beschleunigungswahn, den wir euphorisch „Entwicklung" nennen, zu verstärken. Wenn der Gelübdegedanke gerade für junge Menschen gerettet werden soll, wenn die „Verbindlichkeiten" der Gelübde nicht dem Verdacht ausgesetzt bleiben sollen, sie seien eigentlich nur für ein erschöpftes und in diesem Sinn vorzeitig vergreistes Leben lebbar, dann müssen solche, durchaus auch gesellschaftskritische und befreiende Fragen und Perspektiven ins Spiel gebracht werden. An ihnen könnte nämlich sichtbar werden, daß das Ordensleben nicht in einem weltlosen, in einem humorlos-sektiererischen Fundamentalismus versinken muß, in dem man sich instinktiv nur noch unter Gleichgesinnten aufhält und in zelotisch ange-

---

[22] Vgl. dazu (wenn auch nicht vorbehaltlos): *W. D. Rehfus,* Die Vernunft frißt ihre Kinder, Hamburg 1990.

schärfter Sprache und Haltung unbegriffene Lebensängste verteidigt. Die durch die Seelen unserer Noch- oder Nachmoderne vagabundierenden Ängste nisten vermutlich ganz woanders – etwa in dem Gefühl, der Weltraumkälte einer unendlich gleichgültigen, unbeherrschbaren Evolution ausgesetzt zu sein, in der irgendetwas lautlos seinen Gang geht ...[23]

---

[23] Vgl. dazu auch Abschnitt V und VI dieses Textes.

V
SENDUNGSPERSPEKTIVEN

Ich versuche noch eine Diagnose über die Grundsituation der Kirche heute, um in ihrem Licht
einige Sendungsperspektiven und Sendungsorte
für die Orden unserer Zeit zu gewinnen. Die Kirche steht gegenwärtig in einem höchst komplexen,
teilweise geradezu gegenläufigen Prozeß: Sie ist
erstmals auf dem Weg, reale Weltkirche zu werden; gleichzeitig gerät sie überall auf der Welt und
nicht zuletzt in Europa immer mehr in eine Min-
derheitensituation, in eine globale Diaspora, die
sie – wie kaum je zuvor – auf das Zentrum ihrer
Sendung zurückwirft. Diese Situationskennzeich-
nung gilt übrigens (in dieser Allgemeinheit) mehr
oder minder für die gegenwärtige Lage des Christentums überhaupt.

1. Konvivialität, kulturell und sozial

Die Perspektive des Weltkirchewerdens zeigt heute zwei zentrale Aufgabenbereiche, die ohne den lebendigen Beitrag der Ordenskirche m. E. nicht bestanden werden können, zwei Aufgabenbereiche übrigens, die tief in das gesellschaftliche und kulturelle Leben reichen.

Zum einen geht es um die Gestaltung eines kulturellen Polyzentrismus innerhalb der Kirche, ohne den es ein reales Weltkirchentum nicht geben kann und ohne den auch das jüngste Konzil unbefriedigt bleiben müßte. [24] „Inkulturation" ist in einer bisher ungekannten und kaum praktizierten Weise angesagt, Weltentdeckung mit den Augen Jesu. Über die theologische Problematik der Inkulturationsprozesse, über die sie begleitenden Mißverständnisse und nicht zuletzt über die in ihnen enthaltenen Herausforderungen an das europäische Christentum habe ich mich an anderer Stelle schon ausführlich geäußert [25]. Hier sei nur an die Frage der Subjekte und Orte dieser Inkulturation erinnert.

---

[24] Vgl. etwa meine einschlägigen Texte in: *F.-X. Kaufmann / J. B. Metz,* Zukunftsfähigkeit. Suchbewegungen im Christentum, Freiburg i. Br. 1987.

[25] Vgl. neben den Texten aus Anm. 24 z. B. die Beiträge „Die Eine Welt als Herausforderung an das westliche Christentum" (Una Sancta 4/1989, 314–322) und „Einheit und Vielfalt: Probleme und Perspektiven der Inkulturation" (Concilium 4/1989, 337–342).

Die primären Subjekte und Orte sind m. E. jedenfalls die einzelnen regionalen Teilkirchen und Ortskirchen selbst. Wären aber nicht viele unserer Orden, gerade weil sie nicht national, sondern international, nicht regional, sondern global organisiert sind: wären sie und ihre Klöster nicht eigentlich die natürlichen Keimzellen für gelingenden interkulturellen Austausch – und eben nicht nur Trainingszentren für alteuropäische Mentalitäten? Wären sie nicht die ersten Wohnstätten für eine Konvivialität unterschiedlicher Kulturwelten? Müßte man an den Lebensformen unserer Klöster, auch an ihrer liturgischen und an ihrer pastoralen Öffentlichkeit, nicht diesen produktiven Austausch sehen, erleben und lernen können – und zwar auch als Vorbild für eine europäische Gemeinschaft, die nie bloß mehr „rein europäisch" sein wird? Wie gesagt, mit den Gelübden darf nicht nur etwas gemieden, es muß mit ihnen ja auch etwas gewagt werden, z. B. das Experiment solcher Konvivialität.

Weltkirchliches Bewußtsein muß heute wie wohl nie zuvor in Rechnung stellen, daß die Kirche im Schnittpunkt zwischen den reichen und armen Ländern dieser Erde lebt. Eben daraus wächst den Orden eine zweite Aufgabe und Herausforderung besonderer Art im Prozeß des Weltkirchewerdens zu. Sie wird deutlich, wenn wir auf jenen Mentalitätswandel achten, der sich gegenwärtig

hierzulande und überhaupt in Europa (und Nord-
amerika) vollzieht und ausbreitet. Ich nenne ihn
hier versuchsweise jenen alltäglichen Postmoder-
nismus unserer Herzen, der die sog. Dritte Welt
wieder in eine antlitzlose Ferne zu rücken droht.
1992: Wer denkt da bei uns nicht primär an den
Europäischen Binnenmarkt und an seine inzwischen neu sich erschließenden Marktmöglichkei-
ten in Mittel- und Osteuropa? Und wenn wir in
Europa bei 1992 schon an Kolumbus denken, an
das Quinto Centario (1492–1992), tun wir es dann
nicht doch ausschließlich aus unserer Perspektive,
im Lichte unserer europäischen Interessen? Gibt
es gegenwärtig nicht so etwas wie eine geistige
Strategie der Immunisierung Europas, den Hang
zu einem mentalen Isolationismus, einen Kult der
neuen Unschuld, einen Versuch, sich den globa-
len Herausforderungen denkerisch zu entziehen,
eine neue Variante dessen, was ich einmal „takti-
schen Provinzialismus" genannt habe?

Was sich z. B. philosophisch als postmodernes
Denken kennzeichnen läßt – die Absage an uni-
versalistische Kategorien, an eine universalisti-
sche Moral, das Denken in „Differenzen" und
„Dissensen", in verkleinerten Maßstäben, im bun-
ten Fragment –, hat eine nicht unproblematische
alltägliche Entsprechung. Gibt es nicht eine neue
Stimmung, die die Not und das Elend der armen
Völker wieder in eine größere existentielle Ferne

50

zu uns bringt? Breitet sich nicht eine neue Art der Privatisierung unseres Lebens aus, eine Zuschauermentalität ohne kritische Wahrnehmungspflicht, ein eher voyeurhafter Umgang mit den großen Krisen- und Leidenssituationen in der Welt? Gibt es in unserem aufgeklärten Europa nicht immer mehr Anzeichen für eine neue, sozusagen für eine sekundäre Unmündigkeit im Umgang mit den großen Krisen in der Welt, eine Unmündigkeit, die offensichtlich gespeist ist von dem Eindruck, daß wir heute zwar mehr als je über alles informiert sind, vor allem auch über das, was uns bedroht, und über alle Krisen und alle Schrecken in der Welt, daß aber der Schritt vom Wissen zum Tun, von der Information zur Praxis noch nie so groß und auch noch nie so aussichtslos erschien wie heute? Grassiert unter uns nicht ein Krisen- und Elendsgewöhnungsdenken? Wir gewöhnen uns schließlich an die Armutskrisen in der Welt, die sich immer mehr zu verstetigen scheinen und die wir deshalb achselzuckend an eine anonyme, an eine subjektlose gesellschaftliche Evolution delegieren. Als Francis Fukuyama, der stellvertretende Leiter des Planungsstabs im amerikanischen State Department, letztes Jahr seine aufsehenerregende These „Ende der Geschichte?" vortrug (wonach die USA, die inzwischen den Kalten Krieg gewonnen haben, zum Endzustand der modernen Geschichte überhaupt geworden seien): da hat er die Dritte Welt mehr oder minder vergessen[26].

Für die Kirche indes ist die leidvolle, himmelschreiende Realität dieser armen Länder längst zu einer Schicksalsfrage geworden und zu einem Prüfstein ihrer Weltkirchlichkeit. Schließlich „hat" die Kirche nicht nur eine Dritte-Welt-Kirche, sie „ist" inzwischen weithin eine solche, mit einer unverzichtbaren europäischen Herkunftsgeschichte. Angesichts des massenhaften Elends, das zum Himmel schreit oder auch nicht mehr schreit, weil es ihm längst die Sprache und die Träume verschlagen hat, kann sich die Kirche nicht damit beruhigen, daß es sich hier um Tragödien der Ungleichzeitigkeit in einer immer rapider zusammenwachsenden Welt handelt. Oder damit, daß diese Armen eben die Opfer oder auch die Geiseln ihrer eigenen mitleidlosen Oligarchien sind. Was biblisch in der Sprache eines archaischen Wander- und Dorfchristentums gesagt ist, gilt es weltkirchlich zu buchstabieren und ernst zu nehmen: „Was ihr dem Geringsten getan habt ..."

Die europäische Kirche darf sich deshalb nicht, quasi in postmoderner Manier, ihre Maßstäbe unter dem Druck der Verhältnisse ausreden oder verkleinern lassen. Sie darf sich nicht aus der

---

[26] *F. Fukuyama,* Ende der Geschichte?, u. a. in: Europäische Rundschau 1989/Heft 4.

Spannung zwischen Mystik und Politik zurückzie-
hen in ein geschichtsfernes Mythendenken. Gewiß, die Kirche ist nicht primär eine moralische
Anstalt, sondern die Tradentin einer Hoffnung.
Und ihre Theologie ist nicht primär eine Ethik,
sondern eine Eschatologie. Gerade darin aber wurzelt ihre Kraft, auch in der Ohnmacht die Maßstäbe der Verantwortung und der Solidarität nicht
preiszugeben und die präferenzielle Option für
die Armen nicht einfach den armen Kirchen allein
zu überlassen. Das alles hat etwas mit der Größe
zu tun und mit der Last, die auf uns durch das biblische Wort „Gott" gelegt ist. Es entfernt nicht
aus dem sozialen und politischen Leben der Anderen, es entzieht ihm nur die Basis des Hasses und
der Gewalt. Und es ruft zum aufrechten Gang aller
Menschen, damit eben alle freiwillig knien und
mit Frohsinn danken können.

Gotteszeugenschaft der Orden, von der hier
schon so viel die Rede war, heißt eben auch, pro-
phetisch-kritisch diese neue Mentalität (der Isolie-
rung und der Verkleinerung der Maßstäbe) bei
uns zu brechen versuchen, heißt damit auch kühn:
mehr als je nicht nur kleine Verantwortung, kleine
Solidarität unter uns üben, sondern jene große
Verantwortung, jene große Solidarität (über den
weltweiten Abgrund zwischen Reich und Arm
hinweg) nicht aus den Augen zu verlieren, die
heute gern als „abstrakt" gescholten wird. Wie

sonst soll die Weltkirche vor den sprachlosen
Zweifeln ihrer Armen bestehen? Gestützt auf die
eigene Armutsbereitschaft hätten die Orden hierzulande diese große Solidarität glaubwürdig
wachzuhalten bzw. gegen die geschilderten Mentalitäten aufzubauen; in den armen Ländern selbst
wird ihre soziale Konvivialität im (basisgemeindli-
chen) Mitsein mit den Armen der erste Auftrag ihrer Gotteszeugenschaft sein.

2. Diasporapastoral

Kirche, Christentum in globaler Diaspora, und
dies nicht zuletzt und immer mehr bei uns in Europa: auch darin liegt eine Herausforderung an die
Orden. Der Aufbruch einer neuen Europa-Idee
darf getrost zu den gegenwärtigen „Zeichen der
Zeit" gerechnet werden. Wie aber mit ihr umgehen?

Auch in kirchlichen Kreisen konzentriert sich
die Aufmerksamkeit immer mehr auf diese Frage.
Johannes Paul II. kündigte bereits eine „Sonder-
versammlung der Bischofssynode für Europa" an.
Die Rede von einer „Neuevangelisierung Europas"
geht um. Könnte sie, dürfte sie von der Vision
eines quasi vorneuzeitlichen, vorreformatorischen
europäischen Abendlandes geleitet sein? Ich
zweifle energisch. Gewiß ist das Christentum so-

zusagen strukturell eingebaut in die Geschichte und den Geist Europas. Aber wie entziehen wir uns dem Eindruck, das Christentum gehöre zwar zu den Voraussetzungen, gewissermaßen zu den historischen und kulturellen Hintergrundannahmen des europäischen Geistes, nicht aber zu seinen gegenwärtigen Lebensinhalten? Wie entwinden wir das Christentum in Europa seiner puren Historisierung?[27]

Darauf möchte ich noch in einer zweistufigen Überlegung zu antworten versuchen: zunächst im Blick auf eine neue Diasporapastoral bei uns und dann, grundsätzlich, im Blick auf die Gotteszeugenschaft zur „Rettung des Menschen" (unter V, 3).

Offensichtlich müssen wir mit einer wachsenden Diasporasituation des Christentums und der Kirche in Europa rechnen. Wir müssen davon ausgehen, daß die flächendeckenden volkskirchlichen Strukturen in Europa immer mehr verschwinden (auch wenn dieser Prozeß in den besonderen Verhältnissen hierzulande noch mehr verdeckt sein mag als anderswo). Zum Überleben des lebendigen Christentums, einer lebendigen Kirche in Europa bedarf es immer dringlicher neuer Lebensfor-

---

[27] Zum Verhältnis Christentum – Europa vgl. meine beiden Texte zur „Krise der Geisteswissenschaften" bzw. zur „Rettung der Vernunft" (in Anm. 20).

men, neuer Gestalten der christlichen vita communis, in der die eschatologische Hoffnung eine Wohnstatt behält.

In meinen früheren Überlegungen zur Ordenskirche[28] habe ich davor gewarnt, daß sich die Orden – aus welchen naheliegenden Gründen auch immer – zu sehr in die vorgefaßten Pastoralpläne der Großkirche, auf deren Gestaltung sie kaum Einfluß nehmen können, einfach einspannen lassen. Heute möchte ich darauf drängen, daß sich die Orden immer mehr in die Diasporapastoral in Europa einschalten. In Frankreich z.B. sind es nicht zuletzt mönchische Gemeinschaften, die in den Stein- und Seelenwüsten unserer Großstädte und in den posturbanen Ungetümen unserer Industriewelten neue Lebensformen bilden, um denen nahe zu sein, die über Pfarrprinzip und volkskirchliche Betreuungsformen überhaupt nicht mehr zu Gesicht kommen[29]. Eine Neuevangelisierung Europas, wenn dieses Wort überhaupt angebracht ist, kann nur auf solchen Wegen geschehen.[30] Und für diese Aufgabe können und müssen sich die Orden auf breiter Front mobilisieren lassen, wenn – wie gesagt – in ihren Gelübden

---

[28] Vgl. Zeit der Orden? 16f.
[29] Vgl. z.B. die „Jerusalem-Gemeinschaften" des Pater Delfieux (ausführlicher dazu: Herder-Korrespondenz, Februar 1990).
[30] Vgl. D. Seeber zur geplanten Europasynode, in: Herder-Korrespondenz, Juni 1990.

nicht nur etwas gemieden oder kopiert, sondern etwas gewagt werden soll.

3. Gotteszeugenschaft wider den Tod des Menschen

Tief ist die Spur, die die Orden – seit Benedikt von Nursia – in die Geschichte des europäischen Geistes eingegraben haben. Ist sie nun erloschen? Hat sie sich endgültig verlaufen? Ist sie nur noch die Signatur einer großen Vergangenheit, ausschließlich der historischen oder ästhetischen Schätzung anheimgegeben? Unentbehrlich wäre die Ordensexistenz auch heute als leidenschaftliche und keineswegs nur private Gestikulation mit der „Möglichkeit Gottes" für diese Zeit.

Ich erinnere nochmals an Nietzsche. Er schlug bekanntlich vor, den Lauf der Zeit konsequent in den Horizont des Todes Gottes zu stellen; so allein könnten wir schließlich verstehen, was auf uns zukommt. Wie heißt es doch in seinem Werk „Ecce Homo"[31]: „Ich kenne mein Los. Es wird sich einmal an meinen Namen die Erinnerung an etwas Ungeheures anknüpfen – an eine Krisis, wie es keine auf Erden gab, an die tiefste Gewissens-Kollision, an eine Entscheidung, heraufbeschworen

---

[31] Werke II (ed. Schlechta 1958), S. 1152.

gegen alles, was bis dahin geglaubt, gefordert, geheiligt worden war."

Nietzsche versteht sich nicht als einer der üblichen Vertreter des modernen Atheismus, die seines Erachtens immer wieder dem verhaftet bleiben, gegen das sie angehen. Er versteht sich als der konsequente Vollstrecker der Botschaft vom Tode Gottes, und diese unerbittliche Konsequenz aus dem Tod Gottes lautet für ihn: Auch der Mensch, wie wir ihn bisher geschichtlich kennengelernt haben, mit seinen Werten und Idealen, auch dieser Mensch ist überholt. Entsprechend redet Nietzsche immer wieder von der „Abschaffung des Menschen". Er spricht vom Tod des Subjekts, er hält das Subjekt für eine bloße „Fiktion" und die Rede vom „Ich" für einen Anthropomorphismus. Er prophezeit und fordert das Ende des normativ-moralischen Bewußtseins in einem Leben „jenseits von Gut und Böse", in dem der Nachfolger des Menschen, der Übermensch, nichts anderes ist als das unendliche Experiment seiner selbst. Und er kündet das Ende des geschichtlichen Bewußtseins an, denn die Zeit, losgekettet vom Gottesgedenken, stürzt in eine anonyme Evolution, die nichts will als Evolution, nichts als unendliche Endlichkeit, gegen die Nietzsche seinen „abgründigsten Gedanken" aufbietet, den Gedanken von der ewigen Wiederkehr des Gleichen. Nietzsche nimmt damit nicht nur viel postmoderne Gestimmtheit von heute vorweg, er enttarnt mit seinen Überlegungen auch die Naivität der modernen Religionskritik, die da meinte, mit Preisgabe des Gottesgedankens die Macht und die Größe des modernen Subjekts überhaupt erst freisetzen zu können. Hellsichtig stellt er den Konnex zwischen dem Tod Gottes und dem Tod jenes Menschen her, den die europäische Moderne noch unbeschädigt unterstellen und mit ihren Freiheits- und Mündigkeitsidealen ausstatten konnte.

So wird hier die entscheidende Alternative im Blick auf den Lauf der Zeit deutlich. Sie lautet: entweder die polytheistisch-ästhetischen Götter der Postmoderne oder der biblische Gott, entweder Dionysos oder der Gott Abrahams, Isaaks und Jakobs, der auch der Gott Jesu ist.

Entweder wir ziehen – den alteuropäischen Menschen im Rücken – mit Nietzsche in das mythisch-dionysische Reich des erhöhten Menschen, des von ihm so genannten Übermenschen, jenseits von Gut und Böse, erinnerungsfern, leidensfern, trauerfern und vor allem dies: unschuldig, heiter-gelassen eingebettet in die ewige Wiederkehr des Gleichen. Dessen trivialste Verwirklichung ist vermutlich die naheliegendste: der Mensch als computerisierte Intelligenz, als eine Intelligenz ohne Geschichte, ohne Leidensfähigkeit und ohne Moral, kurzum die zur sanft funktionierenden Maschine erstarrte Rhapsodie der Unschuld.

Oder wir rücken die Schwelle zur Zukunft in den – zugegebenermaßen immer schwächer beleuchteten – Gegenhorizont des Gottesgedenkens, d.h., wir riskieren den Umkehrschluß gegenüber Nietzsche, der hellsichtig das Junktim zwischen dem Tod Gottes und dem Verschwinden des uns bisher geschichtlich vertrauten Menschen hergestellt hatte. Dieser Umkehrschluß kann freilich als Argumentationsform nur gelingen und recht behalten, wenn er auf eine Lebensform rekurrieren kann. Der Widerstand gegen den Tod des Menschen [32] muß also in jener Gottespassion verwurzelt sein, von der in diesen Überlegungen so viel die Rede war. Eine elementarere Antwort auf die „Zeichen der Zeit" kenne ich nicht.

---

[32] Symptome für den hier angesprochenen Tod des subjekthaften Menschen z.B. in meinen in Anm. 27 angeführten Beiträgen und in „Wohin ist Gott, wohin denn der Mensch?" (aus: Zukunftsfähigkeit, 1987).

VI
ENDE DER ZEIT

Zu den verräterischsten „Zeichen der Zeit" gehört für mich übrigens, daß heute nicht nur nach eben solchen „Zeichen der Zeit" gefragt und geforscht wird, sondern nach der Zeit selbst. Dekaden von Büchern beschäftigen sich seit einigen Jahren mit diesem Thema. Ist es womöglich das unbegriffene Wesen der Zeit selbst, das uns allenthalben beunruhigt, das zur heimlichen Quelle der Verlegenheiten und uneingestandenen Ängste unseres aufgeklärten, unseres fortgeschrittensten Lebens geworden ist? Allen landläufigen Meinungen zuwider sind es gerade die biblisch motivierten Apokalyptiker, die der Zeit trauen – ganz einfach deswegen, weil sie hoffend wissen und wissend hoffen, daß sie ein Ende hat und daß dieses Ende einen Namen hat, so daß sie, die Zeit, nicht in leerer, überraschungsfreier, endloser Endlichkeit zerfällt und wir nicht in ihr[33].

---

[33] Zu „Apokalyptik" ohne zelotisch angeschärfte Untergangsphantasien, vielmehr als Lebens- und Weltentwurf im Horizont

Im Geiste solcher heiter-gelassenen Apokalyptik wäre das Ordensleben lebbar und lebens-
wert – um Gottes und der Menschen willen. Auch
heute.

---

befristeter Zeit vgl. meinen Beitrag „Theologie versus Polymy-
thie. Kleine Apologie des biblischen Monotheismus", in:
O. Marquard (Hrsg.), Einheit und Vielheit, Hamburg 1990,
170–186, Kurzfassung in: Herder-Korrespondenz, April 1988.

II

Evangelische Räte – therapeutische Räte

Von Tiemo Rainer Peters

Würde man sich die Blütezeiten der Orden mit ihrer Vielfalt religiösen Lebens vor Augen führen und in die Vergangenheit blicken: eine Christentumsgeschichte der buntesten Art käme zum Vorschein – gelebte, exemplarische, vortheologische Formen, die das Ordenschristentum wie nichts anderes kennzeichnen.

So wichtig es sein wird, dies letztere zu begreifen, daß die Orden früher sind als die Theologie: Statt die Geschichte zu beschwören, Details der einzelnen Ordensregeln und -gemeinschaften zu betrachten und deren Aktualität einfach vorauszusetzen, ist theologische Nachdenklichkeit angebracht; die Frage, wo die Fundamente liegen, und ob sie gegenwärtig noch tragen [1].

---

[1] Was *Leonard Holtz* in seiner „Geschichte des christlichen Ordenslebens", Zürich/Einsiedeln/Köln 1986, 323 f feststellt und überaus positiv bewertet: daß es heute „die Kirche (ist), die ihren Orden und den Ordensleuten die Anstöße zur ‚zeitgerechten Erneuerung' gibt", vermag ich nicht unbedingt nachzuvollziehen. Dieses „von oben" (ebd.) der Ordensreform nämlich, wenn sie

Im folgenden geht es um den eher fundamental-
theologischen Versuch, die Orden in ihrer Wahrheit zu erfassen – inmitten der sozialen, kulturellen und politischen Wirklichkeit von heute.
Einen privilegierten, welt- und gesellschaftslosen
Ort werden wir ihnen nämlich nicht zubilligen
dürfen, wenn anders nicht jeglicher Boden für das
vergleichende Gespräch verlassen oder der ur-
sprünglich reformatorische Einspruch überhört
werden soll, daß das Kloster auch nichts anderes
ist als „Welt"; daß sich die Welt, wie das jüngste
Konzil behutsam anerkennt, als genuiner Ort der
„Vollkommenheit" und der authentischen Nachfolge darstellt.

In welcher Welt aber leben wir? Die Weltflüch-
tigen wissen es nicht, werden es nie erfahren, und
die Weltförmigen – noch weniger. Ich werde diese
These, manchen soziologischen und zumal psy-
chologischen Analysen zum Trotz, mit der anderen verbinden: daß die Krise der Orden nicht auf
verweigerter Anpassung, sondern auf nicht ge-
wagter Nicht-Anpassung beruht, auf der fehlen-
den Kraft zum Widerspruch, zur konstruktiven
Verweigerung.

---

denn tatsächlich geglückt wäre, dürfte ihr eigentliches Problem
sein. Argumente für diesen Verdacht finden sich schon bei: *J. B.
Metz,* Zeit der Orden? Zur Mystik und Politik der Nachfolge,
Freiburg i. Br. ⁶1986.

Der Baseler Exeget und Kirchenhistoriker Franz Overbeck (1837–1905), Freund und theologischer Gesprächspartner Friedrich Nietzsches, meinte, daß die katholische Theologie zur Würdigung der Orden „die Reinheit des Verständnisses längst verloren, die protestantische die Gerechtigkeit nie besessen" habe[2]. Nicht nur, weil er selbst beides in erstaunlichem Maße besaß, werde ich ihn zu Rate ziehen. Sondern weil seine an Nietzsche geschärfte Theologie wichtig wird, heutzutage, da man wieder auf Nietzsche und eine „fröhliche", therapeutische „Wissenschaft" hört: Eugen Drewermann zum Beispiel, dessen „Kleriker-Psychogramm" speziell auch in diesem Zusammenhang zu befragen sein wird, theologisch und – mit dem Mut des „verzweifelten" Dilettanten – im Bereich der vertrackten und „gefährlichen" Psychologie.

---

[2] F. Overbeck, Über die Christlichkeit unserer heutigen Theologie, Leipzig 1873, Darmstadt ³1963, 83. Vgl. insgesamt: T. R. Peters, „Eine Religion beweist sich stets selbst." Zur Aktualität Overbecks und seiner theologiekritischen Anfragen, in: Mystik und Politik. Theologie im Ringen um Geschichte und Gesellschaft, FS J. B. Metz, Mainz 1988, 218–234.

I
EIN „POTENZIERTES JUDENTUM"

Im Widerspruch zu Nietzsche hat Overbeck den Orden und der asketischen Tradition im Christentum eine schlechthin fundamentale Bedeutung beigemessen: der Kirche nicht weniger als das Leben gerettet zu haben, indem sie die religiöse Leidenschaft und den sperrigen Glauben Israels im ekklesialen Gedächtnis festhielten und so eine Art Stachel im Fleisch des Christentums waren, Impuls vielfältiger Engagements, prophetischer Aufbrüche und Innovationen.

Hier fällt eine grundsätzliche Entscheidung. Nicht daß ignoriert werden soll, wie sehr Mönchtum und Orden längst vor dem Christentum und sogar außerhalb des Judentums bekannt waren (in Indien z. B. bereits im 6. vorchristlichen Jahrhundert), oder daß wir die Absicht diskreditieren dürften, asketisches Christentum und fernöstlichen Buddhismus miteinander in Beziehung zu setzen[3].

---

[3] Vgl. etwa *A. Pieris*, Theologie der Befreiung in Asien. Christen-

Suchen wir jedoch nach der eigentlichen Typologie der Orden, dann werden wir Overbeck gegen Schopenhauer, der zwischen christlicher und buddhistischer Askese „Stammesverwandtschaften", zwischen alt- und neutestamentlicher Ethik aber Abgründe ausmachen zu können glaubte[4], recht geben: das asketische Christentum mit seinen ordensspezifischen „Regelungen" des religiösen Lebens ist keine methodische Weltverneinung, keine Wiederholung eines mythischen Exils, sondern eine reale, erzwungene „Weltverneinung", Askese als Erinnerung einer wirklichen Heimatlosigkeit und darin, wie Overbeck sagt, ein „potenziertes Judentum"[5]: die unvergessene, wachgehaltene Exils- und Diaspora-Erfahrung, Israels Nötigung zu einem Leben im Aufschub, auf eine Identität nur zulaufend, aber gerade so wohl fähig zu je neuen, kulturprägenden Identifikationen.

---

tum im Kontext der Armut und der Religionen, Freiburg i. Br. 1986, 122–130.

[4] Vgl. F. Overbeck, Christentum und Kultur. Gedanken und Anmerkungen zur modernen Theologie. Aus dem Nachlaß herausgegeben von *C. A. Bernoulli*, Basel 1919, Darmstadt ²1963, 31; vgl. dagegen *E. Drewermann*, Kleriker. Psychogramm eines Ideals, Olten u. Freiburg/Brsg. 1989, 347 ff, wo erneut von solchen uralten Stammesverwandtschaften zwischen christlicher und fernöstlicher Spiritualität ausgegangen wird.

[5] Vgl. Franz-Overbeck-Nachlaß der Universität Basel, A 219; vgl. *A. Schmidt*, Religion als Trug und als religiöses Bedürfnis. Zur Religionsphilosophie Arthur Schopenhauers, in: Prisma. Aus der Arbeit des Goethe-Instituts, 2/1989, 7–13.

Warum ist Israel an seiner leidvollen Nicht-Identität nicht zerbrochen, warum selbst in der Verfolgung nicht endgültig verzweifelt? Wir werden dies nicht erfassen, ohne von „seinem" Gott zu sprechen – „Gott, der im Exil ist, weil alliiert mit dem Verlierer" (Levinas)[6].

Es ist wahr, dieser „nahe" Gott an der Seite der Bedrängten scheint allen Trost bereitzuhalten und tut dies noch immer: gerade heute wird er, falls er denn noch geglaubt wird, begehrt als ein Gott der Nähe, geradezu „intim" geworden mit dem Menschen und seinen tiefsten Bedürfnissen, Inbegriff von Identität.

Israels Hartnäckigkeit inmitten der Katastrophen ist so allerdings gerade nicht erklärbar. Der heute reklamierte Gott war nicht einfach „sein" Gott. Tatsächlich hat Israel inmitten der erfahrenen und beanspruchten Nähe Gottes zugleich Erfahrungen der Gottesferne gemacht. Die „Schekhinah" (Einwohnung) ist dieser „Zwischenraum", in dem der nahe und der ferne Gott sich in der Erfahrung seines Volkes begegnen: Das versprochene Glück war hier nie nur mit dem augenblick-

---

[6] Vgl. *E. Levinas*, Die Spur des Anderen. Untersuchungen zur Phänomenologie und Sozialphilosophie, Freiburg/München 1983, 246. Vgl. *T. R. Peters*, Über Nähe und Ferne Gottes. Mit D. Bonhoeffer und J. B. Metz im Gespräch, in: Versöhnung. Versuche zu ihrer Geschichte u. Zukunft, FS Paulus Engelhardt, Mainz 1991.

lich genossenen identisch, die erhoffte Gerechtigkeit fiel nie schon mit der partiell erreichten, der
ersehnte Frieden nie einfach mit dem bereits her-
gestellten zusammen. Und die erflehte Rettung
war in Israel immer mehr als die schon eingetrof-
fene, bzw. schien mit der ausgebliebenen nie
gleich verloren.

Eher wurde selbst der zwingendsten Erfahrung,
dem begründetsten Anspruch, der vernünftigsten
Erklärung widersprochen, als Abstriche zuzulas-
sen an dieser universalen, Arm und Reich, Hoch
und Niedrig, Lebende und Tote einbeziehenden
Erwartung, an diesem kommenden Gott, der nicht
Gott ist, wenn er zu vereinnahmen, wenn er zu begreifen, wenn er schon identisch wäre mit der
Welt, so, wie sie ist, oder den Verhältnissen, so,
wie sie sind. „Wenn sie also zu euch sagen: Seht,
er ist draußen in der Wüste, so geht nicht hinaus;
und wenn sie sagen: Seht, er ist im Hause!, so
glaubt es nicht" (Mt 24, 26).

Dieses Ineinander von lauter Bestimmungen
(der Nähe und Ferne), die sich ausschließen, ist
nicht „denkbar" und keiner „Logik" zuzumuten.
Und doch wurde – die biblischen Schriften sprechen von nichts anderem – in solcher Spannung
gelebt, die sich dann auch aufs Denken übertragen
konnte: als jener ebenso subversive wie hartnäk-
kige, ebenso verheißungsvolle wie vielfach miß-
brauchte „Rat" der jüdisch-christlichen Tradition,

auf eine Welt zu hoffen, die nicht schon hervorgebracht, auf eine Zeit zu setzen, die nicht die augen-
blickliche, sich mit einer Sache zu identifizieren,
die nicht die eigene ist[7]; uns mit Menschen zu so-
lidarisieren, von denen wir nicht profitieren können. Kein Gott, außer dem jüdisch-christlichen,
war an ihrer Seite; keiner, außer Jahwe, drängt in
ihre Nähe; keine Zeit aber auch, in der nicht im
Namen des je eigenen Vorteils gegen den Rat dieses Gottes und die Inspirationen des „überschrei-
tenden" Denkens angegangen worden wäre.

Ich frage mich manchmal, ob dem Christentum
„sein" Judentum bewußt genug und teuer genug
war, um ihm religiös wirklich gewachsen gewesen
zu sein.

---

[7] Vgl. *H. M. Enzensberger,* Eurozentrismus wider Willen. Ein poli-
tisches Vexierbild, in: Trans Atlantik (Oktober 1980), 66.

II
CHRISTENTUM IM PROZESS DER NEUGRÜNDUNG

Von Overbeck stammt ein zweiter Hinweis, der geeignet ist, die Überlegungen zur Herkunft der Orden aus dem Judentum zu stützen und weiterzuführen. Overbeck war bekanntlich der Meinung, daß sich das Christentum in einem Zustand der Agonie befindet und daß die Theologie (die Exegese ausdrücklich einbegriffen) nicht geringe Mitschuld an dieser Situation trage, weil sie den jüdisch-apokalyptischen Protest gegen „diese Welt" in Weltbejahung und Weltförmigkeit umgemünzt habe und es immer noch tue[8].

Er meinte, daß die theologische Lektüre eine sehr späte und überdies ganz ungenügende Form der Vermittlung von Offenbarungstexten sei. Als früher und fundamentaler müsse gelten, was er (mit Nietzsche) die „mythenbildende Kraft" jener praktischen Hermeneutiker nennt, die den Text leben, genauer: ihn überhaupt erst hervorbringen;

---

[8] Vgl. *F. Overbeck,* Über die Christlichkeit unserer heutigen Theologie.

die der Text sind, bevor er geschrieben wird (und längst nicht alles wurde und wird geschrieben) und die ihn so von vornherein vor zu frühem, vor allem vor bloßem Verstehen schützen. Sie bilden jene „Ur-" oder „Entstehungsgeschichte"[9], die den uneinholbaren, genauso unverstehbaren wie unverstandenen Anfang des Christentums je neu gegenwärtig setzen und die Prozesse der Institutionalisierung, Verbegrifflichung und Anpassung permanent unterbrechen will.

Ordensgründungen sind Christentumsgründungen, sind das Christentum im Prozeß seiner Neugründung. Nur deshalb kann Overbeck den Orden diese „lebensrettende" Funktion in der Kirche bescheinigen. Sie waren „dichterische", „plastische" Kräfte, Instanzen der Innovation und des „Trotzes"[10], die, auf „anfangskundige Weise" (Buber) und quer zur „vernünftigen", „gelehrten" Rezeption, die Gründungstexte des Christentums „praktisch" gelesen, will sagen: gelebt und so als Gründungstexte lebendig erhalten haben.

---

[9] Vgl. *F. Overbeck,* Christentum und Kultur, 24.

[10] Dies sind Nietzsches Umschreibungen für „mythenbildend", die bei ihm primär gegen die „reaktive" Evolutionslogik (Darwins) gerichtet waren und doch zugleich noch auf der Linie Overbecks liegen dürften. Zu Nietzsche vgl. *D. Harth,* Kritik der Geschichte im Namen des Lebens. Zur Aktualität von Herders und Nietzsches geschichtstheoretischen Schriften, in: Archiv für Kulturgeschichte 68 (1986), 438; *G. Deleuze,* Nietzsche und die Philosophie, Frankfurt/M. 1985, 48.

Theologie, als Vermittlungs- und Anpassungsprozeß, ist dann – auch dies wird durch den „praktischen Leser", wie Overbeck ihn verstand, deutlich – ein höchst sekundärer Akt, auf den das Christentum, soll es nicht zur Gnosis werden, nicht gegründet sein darf.

Die Hypothese Overbecks kann noch grundsätzlicher formuliert und damit zugleich aktualisiert werden. Wir sind heute in der Lage, die biblischen Schriften in nie dagewesener historisch-kritischer Akribie zu lesen und wissenschaftlich einzuordnen – bis hin zu jener „Einordnung", die der materialistisch-strukturalistische Leser unserer Tage vornimmt, der den Text als Stück eines „Gewebes" begreift, das der historische Materialismus in seinen Verknüpfungen verstehen lehrt. Der Gründungstext des Christentums wird auf diese Weise einer Textarbeit unterzogen[11], die ihn lesend „verschlingt", indem sie ihn in der Logik eines Gesamtbefreiungsprojekts aufgehen läßt.

Dies wäre der Endzustand einer hermeneutischen Arbeit, die den Text dadurch versteht, daß sie ihn verschwinden läßt, wenn nicht längst ein

---

[11] Vgl. *K. Füssel,* Anknüpfungspunkte und methodisches Instrumentarium einer materialistischen Bibellektüre, in: *M. Clévenot,* So kennen wir die Bibel nicht. Anleitung zu einer materialistischen Lektüre biblischer Texte, München 1978, 145–170.

anderer, an praktischer Befreiung nicht minder interessierter Leser, dem materialistischen entgegengetreten wäre: der tiefenpsychologisch/therapeutische, der sich die biblischen Texte seinerseits aneignet, wobei, ebenfalls grob vereinfachend gesagt, die Psychoanalyse oder die Analytische Psychologie, eine „Tiefen"-Logik und -Hermeneutik also, lehrt, wie gelesen, was eliminiert, wie „dosiert" werden muß, damit die Lektüre zu einem nun vor allem therapeutischen Gewinn werden kann.

Dieser lesenden „Praxis" steht der praktische „Leser" gegenüber, der so wenig auf die Linderung des Verstehens, auf die Wohltaten der Hermeneutik und der diskursiven Vernunft vertraut, daß Hans Blumenberg, in der Tradition Overbecks und in den Worten außerkanonischer Tradition, feststellen konnte: „Die mit mir sind, haben mich nicht verstanden." Blumenberg: „Es genügt, mit ihm zu sein, auch wenn man dadurch zum Zeugen wird für das Unerfüllbare." „Mißverständnis – auch das ‚fruchtbare', trostvoll so genannt – ist der Modus, in dem wir mit irgend etwas sind, was wir nicht selbst sein können."[12]

Solche „praktischen Leser" sind unausrottbar im Christentum. Sie sind auch unersetzbar, durch keine noch so raffinierte theoretische Anstren-

---

[12] *H. Blumenberg,* Matthäuspassion, Frankfurt/M. 1988, 264.

gung simulierbar, rekonstruierbar oder auch nur adäquat analysierbar. Wären sie trotzdem und endgültig verschwunden bzw. simuliert, rekonstruiert oder analysiert, dürfte es sich – unter dem Schein seiner endlich geglückten Anpassung – um das Verschwinden des Christentums selbst handeln[13].

---

[13] Vgl. *F. Overbeck,* Christentum und Kultur, 289.

III
STATUS PERFECTIONIS?

Wie der praktische Leser der jüdisch-christlichen
Tradition präsent sein und in einen „Erfahrungsaustausch" mit dem Text treten wollte, hat Walter
Benjamin in einem dialektischen Bild erläutert.
„Die Klosterregel", heißt es in seinen „Thesen über
den Begriff der Geschichte", „sollte der Welt und
ihrem Treiben abhold machen"[14]. Dies war gegen
den „sturen Fortschrittsglauben" jener Mitläufer
und Politiker in Deutschland gesagt, die, dem
weltlichen Treiben keineswegs „abhold", ihre
Kompromisse nicht nur mit dem Zeitgeist, sondern mit dem „unkontrollierten Apparat" ge-
schlossen hatten und so erst den Nazi-Faschismus
total werden ließen.

---

[14] *W. Benjamin,* Über den Begriff der Geschichte, Ges. Schriften,
Hg. *R. Tiedemann/H. Schweppenhäuser,* Frankfurt/M. 1974, Bd. I/2,
698. Overbeck bestätigt diese Sicht, indem er die These vertritt,
daß sich die Kirche im Mönchtum vor der staatlichen Umklam-
merung zu retten gewußt hat: Vorlesung „Über die Anfänge des
Mönchtums" (1867), Overbeck-Nachlaß Basel, A 77. Zur Lektüre
als einem „Erfahrungsaustausch" vgl. *W. Benjamin,* Illuminatio-
nen, Frankfurt/M. 1961, 409.

Hier wird erklärt, wie am Leitfaden der Klosterregel praktisch zu „lesen" ist: Im Modus des Wi-
derspruchs und der Auflehnung ist der praktische
Leser, sind die Orden „in der Welt" – wie auch anders, wenn die Seele des ursprünglichen Christentums, das sich in den Orden je neu gründen soll,
„die Weltverneinung" (Overbeck)[15] ist. Weltverneinung ja nicht im Sinne gnostisch-pessimisti-
scher Weltflucht[16], sondern als kritische, eschatologisch motivierte Einmischung am Ort praktizier-
ter Gottvergessenheit und Lebensverneinung –
dort, wo sich die tödlichen Negationen bündeln:
in ungerechten Eigentumsordnungen, sexisti-
scher Menschenverachtung und unterdrückeri-
scher Herrschaft.

Die Evangelischen Räte wären dann ursprüng-
lich nichts anderes als im Licht der Hoffnung ver-
arbeitete, in Widerstand umgesetzte Erfahrungen
des Bösen, des „gestreckten Todes", und dies so
produktiv und paradigmatisch, daß die entschei-
denden Aufbrüche in der Christentumsgeschichte, beinah jede radikale Umkehr zur Frohen

---

[15] *F. Overbeck,* Über die Christlichkeit unserer heutigen Theologie, 110.
[16] Vgl. *F. Schupp,* Schöpfung und Sünde, Düsseldorf 1990, 582,
der allerdings die Einrede Overbecks (des eigentlichen Antipo-
den A. v. Harnacks!) nicht hört und so vielleicht die Askese in ihrer eschatologisch-apokalyptischen Dimension unter- und in
ihren schöpfungstheologisch-reformerischen Möglichkeiten
überschätzt.

Botschaft in ihnen und ihrem später dann schockartig abgekürzten „memento mori"[17] begründet scheinen.

Von der Sache her drängt sich der Vergleich zwischen Ordensregel und „status confessionis", praktischer Lektüre des Evangeliums und christlicher Widerstandspraxis auf. „Status confessionis" bezeichnet in der altprotestantischen Dogmatik (und ihrer Aktualisierung in der kirchlichen Opposition gegen Hitler) eine Situation, wo die „reine" Lehre, die rein lehrhafte Orthodoxie gegenüber dem praktischen Tun zurücktreten muß, weil nur das couragierte Bekenntnis noch Garant rechten Glaubens und christlicher Identität sein kann[18]. Auch die Evangelischen Räte sind Formen „praktischer Orthodoxie" und sie reagieren auf eine geschichtliche Herausforderung, die je neu ergehen und je heute beantwortet sein will – in Abwandlung eines Bonhoeffer-Wortes: ein Zeugnis, das „immer" wahr ist, ist gerade „heute" nicht wahr.

Die Orden, so muß im Blick auf die historischen Realitäten gesagt werden, sind diese „praktischen Leser" längst nicht immer gewesen. Sie

---

[17] Vgl. *T. R. Peters,* Ars moriendi – Kunst des heilsamen Lebens und Sterbens, in: Wort und Antwort 29 (1988), 150.
[18] Vgl. *T. R. Peters,* Orthodoxie in der Dialektik von Doxa und Praxis, in: Concilium 23 (1987), 316 f.

haben den „status confessionis" undeutlich werden lassen hinter dem ihnen halb aufgedrängten,
halb lieb gewordenen, vom Konzil aber inzwischen „streitig" gemachten „status perfectionis"[19]
– einem asketischen Ideal (der Gnosis), das ihre
Herkunft aus der Unvollkommenheit des Exils
und der Diaspora seltsam „überhöhte" und nahezu
verdrängte.

Um die Psychologie nun direkt ins Spiel zu
bringen: hat sich mit den Orden ein kirchliches
„Größenselbst"[20] herausgebildet, genauer: stellen
sie sich, aus einer bestimmten Perspektive des
„Verdachts", als Objekte narzißtischer „Übertra-

---

[19] Zur konziliaren Sicht der „Vollkommenheit" und der authentischen Nachfolge vgl. etwa Lumen gentium Kap. 2,11; 4,32;
5,40. – Es soll nicht übersehen werden, daß sich die Orden mit
dem Konzil verändert und besonders den Aufbruch der Kirche
der Armen nicht nur mitvollzogen haben, sondern außerordent-
lich kreativ begleiteten. Die theologisch fundamentalen Anfragen jedoch, die durch das Konzil (unter Beteiligung von Ordensleuten, aber bezeichnenderweise kaum im Ordensdekret
selbst) gestellt worden waren, sind sie eigentlich ins Zentrum
der Ordensexistenz vorgedrungen, oder haben sich die Evangelischen Räte nicht wieder einmal in den Weg des Denkens gestellt, nun aber (Zeichen ihrer Krise?), um radikale Perspektiven
zu blockieren?

[20] Die Narzißmustheoretiker sprechen von einem „Größenselbst", wo Subjekte krisenhafte Entwicklungen und Bedrohun-
gen des Selbstwertgefühls verarbeiten, indem sie sich in eine
vorgestellte Idealität hineinversetzen, ein „grandioses Selbst"
aufbauen, das selbst auf keinen Fall angetastet oder hinterfragt
werden darf. Vgl. *H. Kohut*, Narzißmus, Frankfurt/M. 1973; *ders.*,
Die Heilung des Selbst, Frankfurt/M. 1979.

gung" dar (das psychologische Szenario dürfte weit komplizierter und beunuhigender sein) und könnte ihnen vor allem entgangen sein, wie die Entlastung, die das „arbeitsteilig" verstandene Vollkommenheitsideal kirchlicherseits mit sich bringt, einhergeht mit einer oft krank machenden Überlastung derer, die lebenslang in ihrem religiös-narzißtischen Größenselbst gefangen bleiben, ohne zu sich selbst zu finden?

Dabei verschärfen die reichlich vorhandenen „Immobilien" und historischen Reminiszenzen der Orden, diese Kunst und Geschichte gewordenen Zeugnisse der „Grandiosität", heute nur das quälende Mißverhältnis einer Situation, in der Steine, Formen und Habite häufig „spiritueller" sind als der Geist, der darin „lebt".

IV

WAS KRANK MACHT

Nicht die Orden oder die Askese machen krank. Seelische Krankheit droht – wen wundert es bei diesem massiven Eingriff –, wo die Evangelischen Räte: die in ihnen erinnerte und mitgetragene Entbehrung und das eschatologische Unerfülltsein, religiös enggeführt, gnostisch umgedeutet werden und zum Bild idealer, „perfekter" Christlichkeit avancieren.

Ein weiteres Mal „blamiert" sich die Idee, „soweit sie von den ,Interessen' unterschieden" ist[21], will sagen: von den Bedürfnissen der „Geringsten", im Evangelium Seliggepriesenen, denen das ganze Interesse des Gottes Jesu gilt.

Eigenartigerweise beachtet Eugen Drewer-

---

[21] Zur Interpretation dieses Marx-Wortes aus der „Heiligen Familie" vgl. *H. Gollwitzer*, Historischer Materialismus und Theologie, in: *W. Schottroff/W. Stegemann* (Hg.), Traditionen der Befreiung. Methodische Zugänge, München/Berlin 1980, 26; bei Drewermann dagegen gibt es nur eine Blamage: die der sozialen Funktion des Ideals bzw. der „Sinngebungen" vor der psychischen Motivation, des Bewußtseins vor dem Sein (innerhalb der psychischen Abläufe): Kleriker, 33 f; 712.

mann, der die Symptome genau beschreibt, diesen „Krankheitsherd", diese Hauptfehlerquelle kaum. Vielleicht weil er das Selbstideal vieler Frommer letztlich teilt und dieses monadische, in sich selbst ruhende, „perfekte" Individuum für möglich, ja für zutiefst wünschenswert hält?

So ist es zwar richtig, wenn er die Kleriker und Ordensleute fragt, ob denn ihre Appelle an das Glück, die Liebe, die Freiheit und Befreiung der Menschen verläßlich und wahr oder nicht die notorisch überfordernden Postulate notorisch überforderter, ichschwacher Individuen sind, die aus Idealbildern, statt aus der zugelassenen und verarbeiteten Realität schöpfen; in diesem Zusammenhang sind Rückfragen an die „Hilfe" der Helfer fällig, die in allem, was sie tun und lassen und womit sie sich identifizieren, vor allem auf Ich-Bestätigungen und Ich-Stabilisierungen aus sein könnten, unfähig, je zu den Anderen zu kommen[22]. Drewermann selbst jedoch – fällt er nicht auf eine in isolierten Glücksquanten denkende Psychoanalyse herein, wenn er die Maxime vertritt, daß man „zum Glück anderer Menschen gerade so viel" beiträgt, „als man selber an Glück sich erworben hat"?[23]

---

[22] Vgl. *W. Schmidtbauer,* Die hilflosen Helfer. Über die seelische Problematik der helfenden Berufe, Reinbek 1977.
[23] Vgl. *E. Drewermann,* Kleriker 693.

Enggeführt und seines ursprünglichen Interes-
ses beraubt, wird der Verzicht der Evangelischen
Räte zur Falle. Es droht, was Freud „Zwangsneurose" nennt. Drewermann tut ein Weiteres, indem
er am System Kirche und speziell an den Klerikern
und Ordensleuten eine Art kollektive, strukturge-
wordene Zwangsneurose diagnostiziert: den Fa-
natismus der Begriffe und Vorstellungen, die
Starrheit gegenüber jeder Veränderung, die Über-
wertigkeit des Details. Er scheint sogar, indem er
die Religionskritik von Feuerbach über Nietzsche
zu Freud großzügig bestätigt, noch weiter gehen
und die christliche Religion „generell als eine
Form der Entfremdung des Bewußtseins, als
Krankheitszustand, der Gesellschaft ebenso wie
des Einzelnen"[24], begreifen zu wollen.

Selbst wenn man solche Generalisierungen für
falsch und im Sinne einer konsequenten Psychoanalyse auch für unzulässig hält, wird man mit
Drewermann fortfahren müssen zu fragen, ob
nicht Kirche und Orden – schon dadurch, wie sie
ihre Alumnen möglichst frühzeitig binden – vor
allem suchende, mit Idealbildungen beschäftigte
und nicht selten mit der Verarbeitung ihrer narziß-
tischen Kränkungen befaßte Menschen anziehen,
um ihnen durch ein Überangebot an geistlichen
Regeln und sorgsam gehüteten Schutzzonen eine

---

[24] Ebd., 664.

Sicherheit zu versprechen, die trügerisch ist. Die destabilisierten Kräfte der einzelnen könnten am Ende stärker sein als die Visionen und Ideale einer Kirche, die zumindest hierzulande kaum über die befreienden Energien und die religiöse Gestaltungskraft verfügt, welche früher einmal sekundäre Sozialisationen überzeugend und mitreißend gelingen ließen.

Bei denen, die gebunden sind und vereinsamt zugleich, kann das seelische Leiden unerträglich werden, und die Angewiesenheit auf den Therapeuten ist jetzt manchmal ebenso offenkundig wie fatal. Auch er ist ja oft nur Teil eines pathologischen Komplexes, der die Individuen sich selbst überläßt, ohne sie wirklich frei zu machen; der sie subjektiv „heilt" und sie doch nur einpaßt in eine objektive, zur Norm erhobene und mehrheitlich akzeptierte, „störungsfreie" Entfremdung.

V
KAMPF UM DAS MYSTISCHE ERBE

Eugen Drewermann klagt die Mystik ein, ringt um die Erneuerung mystischer Denkweise im 20. Jahrhundert und sieht sich kirchlich deshalb mit ähnlichen Schwierigkeiten konfrontiert wie die Mystiker aller Zeiten[25]; Mystik, verstanden als jene besonders dann bei Angelus Silesius behauptete Möglichkeit, Gott in der Seele – vor allem und zuerst dort – finden, ihn spürbar machen zu können „in der Intensität des Herzens"[26].

Drewermann empfiehlt eine Herzensmystik, die als Schwundform aus den mystischen Aufbrüchen und Bewegungen des Christentums hervorgegangen ist. Das sollte ihm nicht sofort angelastet werden, denn Kirche und Orden sind ja längst selbst „intim" mit Gott geworden, sie benötigen solche „Mystik" geradezu, um die strukturellen

---

[25] Vgl. *E. Drewermann*, Was wir als Priester treiben, ist weder heilend noch heilsam: Gespräch in: „Psychologie heute", 6/1990.

[26] *E. Drewermann*, Kleriker, 718; zur Kritik an dieser Immanenz- und Intimitätsmystik vgl. *E. Jüngel*, Gott als Geheimnis der Welt, Tübingen 1978, 453ff.

und persönlichen Probleme in den Klöstern, Prie-
sterseminaren und Pfarrhäusern zu kompensieren. Insofern hätte Drewermann recht, die verblie-
bene mystische Innigkeit der einzelnen anzurufen
gegen eine Institution, die auch noch diese Res-
source oft genug zur Stabilisierung eines prekären
status quo benutzt. Macht man sich jedoch klar,
daß er – zumal den Orden – hier als Lösung anbietet, was zur Symptomatik ihrer eigenen Krise gehört, läßt sich ermessen, welchen „Dienst" er
ihnen letztlich erweist.

Wenn die Orden etwas hervorgebracht haben
und selbst durch etwas hervorgebracht worden
sind, dann war es eine Mystik, die nicht nur „spirituell" war, sondern „politisch", ausgespannt zwischen Aktion und Kontemplation, „ora et labora",
Engagement und Degagement, Inbegriff einer
„Reise" des Subjekts in die „tiefe Diesseitigkeit",
die als Natur, Kultur oder Geschichte, als Stadt,
Gemeinwesen oder als Wissenschaft überhaupt
erst erschlossen und gestaltet werden mußte. Und
ausnahmslos alle sollten (schon bei Benedikt) an
diesem Prozeß teilhaben.

Im Grunde wurde hier etwas ratifiziert von dem,
was Israel und die Bibel dem gottfähigen Menschen
zutrauen: inmitten der natürlichen, zivilisatori-
schen und kulturellen Verhältnisse die Spur des
noch nicht endgültig angekommenen Gottes zu erkennen und ihm den Weg bahnen zu können.

Für Drewermann ist solche theologische und mystische „Anthropozentrik" fast feindbildartig besetzt, der gesellschaftsgestaltende, politische Christ tief suspekt – so sehr, daß er die Bibel (und das Judentum) dafür meint anklagen zu müssen [27].

Aber nicht die Anthropologie Israels, auch nicht die anthropozentrische Spiritualität des Früh- und Hochmittelalters mit ihrer „evangelischen" Praxis (und Prophetie) der Besitz- und Rechtsgleichheit sind anzuklagen. Sondern die Verfallsformen christlicher Frömmigkeit, beginnend wohl schon (um von der „monastischen Askese" des Spätmittelalters zu schweigen!) bei Thomas von Kempen (1379–1471) und der „Devotio moderna", mit ihrer verinnerlichten, voluntativen, rein spirituell gewordenen „Imitatio Christi", wo „Demut" fast nicht mehr anders denn als subtile Gewalt gegen die Natur, gegen das Selbst und den Eigenwillen begriffen werden kann [28]. Höchst unheilige Allian-

---

[27] *E. Drewermann,* Der tödliche Fortschritt. Von der Zerstörung der Erde und des Menschen im Erbe des Christentums, Regensburg 1981, 17; vgl. ebd., 94. Ohnehin scheint Drewermann einem zumindest impliziten Antijudaismus verhaftet: wie anders hätte es passieren können (Kleriker, 697), gegen Israels Klage- und Fragekultur in den Psalmen das „Zirpen der Grillen" und „Schrillen der Schwalben" wortmalerisch aufzubieten, und im selben Atemzug auch das „Klagegeschrei eines Schweins" und die „Todesfabriken" zu erwähnen, nicht die von Auschwitz (kein Wort des Schutzes findet der sonst so differenzierte Autor hier!) –, sondern die der Schlachthäuser.

[28] Vgl. *F. J. Hinkelammert,* Der Glaube Abrahams und der Ödipus

zen zwischen Devotion und Terror, Innerlichkeit und Grausamkeit scheinen gerade von hierher möglich und sind im „christlichen Abendland" in dieser Mischung geschichtswirksam geworden.

Nötig also wäre eine sozialkritische, ideologie-kritische Aufarbeitung religiöser und asketischer Bewegungen. Statt dessen verwirft Drewermann die ganze Richtung mit ihren verheißungsvollen Anfängen und offeriert „seine" Alternative: eine zwischen stoischer Ataraxie, „Artisten-Metaphy-sik" (Schopenhauer/Nietzsche) und kosmozentri-scher New-Age-Spiritualität angesiedelte „thera-peutische" Mystik. In ihr wird die Einlösung all dessen versprochen, was den Orden in ihrer „Hoch-Zeit" je wichtig gewesen und was in den Evangelischen Räten eigentlich gemeint sei. Letz-teren bleibt bei Drewermann darum nichts Kon-trafaktisches, Protestatives, Widerständiges mehr; sie, die Heimat und Existenzsorge bewußt relati-vieren wollten, sollen, theo-psychologisch zube-reitet, zu Heimstätten der „Eigentlichkeit" werden: Antworten auf die Frage, „wie der einzelne dahin zu finden vermag, den Wert und die Größe seiner eigenen Persönlichkeit wiederzuentdecken"[29].

So gehört *Armut* „metaphysisch zur Existenz des

---

des Westens. Opfermythen im christlichen Abendland, Münster 1989, 164 ff.
[29] *E. Drewermann*, Kleriker, 672.

Menschen"[30] und muß gleichsam im Interesse der psychischen Hygiene und Gesundheit von jedem gelebt werden; *Ehelosigkeit* wird zur „Seelenverzauberung, die sich nicht festlegen läßt auf die beruhigenden Besitzzuordnungen von ‚meine Frau' und ‚mein Mann', ... die jenseits der Eifersucht eint und zusammenführt und sich aussagt in einer Sprache, die ohne Unterschied alle einlädt zu einem gemeinsamen Fest der greifbaren Nähe des Göttlichen: Einzig den Dichtern ist es vergönnt, auch ohne Bindung verbindlich zu sein, auch ohne Verträge verträglich, auch ohne Ehe entscheidend für das Wohl und Wehe anderer Menschen"[31]; *Gehorsam* schließlich ist „Hören auf Gott – das heißt, das Wesensbild seiner (des Menschen) Existenz vor sich zu sehen und ihm wie blind zu gehorchen"[32]. Kurz: „Mönchisches Leben", wie es „der psychoanalytischen Kritik nicht nur standhält, sondern sich von ihr her geradewegs begründet"[33].

---

[30] Ebd., 670.
[31] Ebd., 719.
[32] Ebd., 699.
[33] Ebd., 665.

VI
KREATIVER VERZICHT

Fragen wir uns, ob es legitim ist, Eugen Drewermann durch solche Zitate zu kompromittieren; ob es denn kirchlich-religiöse Alternativen gibt, die weniger blamabel sind oder ob die Erinnerung an Israels und der Mönche Leben im Aufschub außer neuerlichen gefährlichen Idealbildungen irgend etwas beiträgt zu Verständnis und Gestaltung der Gegenwart.

So gewendet, läßt sich die Frage allerdings auch zurückgeben: ob die Sehnsucht und Unerfülltheit der im jüdisch-christlichen Kulturkreis sozialisierten Menschen, die in der politischen Askese und Mystik der Orden markanten Ausdruck gefunden hatte, nicht längst säkularisiert ist und unser Leben unterschwellig prägt? Daß also Nietzsches „Fröhliche Wissenschaft", die das „asketische Ideal" endgültig brechen sollte,[34] und sein „me-

---

[34] Nietzsche hatte Reste des asketischen Ideals in jenem „unbedingte(n) Wille(n) zur Wahrheit" erblickt, der sich als „ein lebensfeindliches zerstörerisches Prinzip" in den Wissenschaften und der Philosophie erhalten habe und nun endlich seiner

mento vivere!" wohl das intellektuelle Klima und ästhetische Empfinden der Gegenwart elitär bestimmten, damit aber keineswegs schon Einzug gehalten hätten in das tagtägliche Denken, die wirklichen Verhältnisse und Verhaltensweisen der Menschen?

Askese nämlich, so vermutete Max Weber[35], ist „innerweltlich" substituiert durch ein säkulares, kapitalistisches Ethos der Besitzanhäufung und Desolidarisierung; sie scheint, wie Max Horkheimer über Freud hinaus zeigt[36], den „bürgerlichen Typus" von Anbeginn zu prägen: als Selbstverleugnung, innere Versklavung, Haß gegen das Glück; Askese, so meint Richard Sennett[37], ist der Grundimpuls des apathischen Narzißmus, in dem die gestalterischen Kräfte des Selbst verkümmert sind zur Selbstrechtfertigung unbefriedigter, eremitenhafter, „verhältnisloser" Individuen. Sie ist eine Form des „gestreckten", verdrängten Todes, den die Evangelische Askese bannen wollte; des

---

„Fröhlichen Wissenschaft" weichen müsse. Vgl. Werke II, Hg. K. Schlechta, München 1966, 208; 890 f. Zum „memento vivere!" vgl. ebd. I, 259 f.

[35] Vgl. M. Weber, Asketischer Protestantismus und kapitalistischer Geist, in: J. Winkelmann (Hg.), Max Weber, Soziologie, Weltgeschichtliche Analysen, Politik, Stuttgart 1968, 357–381.

[36] M. Horkheimer, Egoismus und Freiheitsbewegungen. Zur Anthropologie des bürgerlichen Zeitalters, in: ders., Traditionelle und kritische Theorie. Vier Aufsätze, Frankfurt/M. 1970, 95–161.

[37] R. Sennett, Verfall und Ende des öffentlichen Lebens. Die Tyrannei der Intimität, Frankfurt/M. 1983, 373 ff.

„toten Lebens", das in dem Bekenntnis besteht: Gott selbst ist tot.

Die Askese, Movens der christlich geprägten Welt, scheint darum entweder säkular ersetzt zu werden durch unbewußte Praxen, die soziopsychologisch beschrieben worden sind (Marcuse/Pasolini) und die uns bereits jetzt das Fürchten lehren, oder sie wird in ihrer ursprünglichen Bewegung, als Gottessehnsucht und passionierter Verzicht, bewußt gelebt. Nicht im Sinne eines „Konsumverzichts", den sich die konsumistische Gesellschaft dann und wann pseudo-asketisch selbst verordnet, sondern radikaler, in Formen, die einmal von den Orden praktiziert worden sind: kommunitäre Widerstandsformen, die eine „Bewegung von Verzicht auf Welt und Wiedergewinnung von Welt"[38] beschreiben; Verzicht auf Konformität, die längst Züge des Ver-rückten trägt und dem Zustand alltäglicher Verantwortungslosigkeit entspricht, und Wiedergewinnung einer Kultur der „Abweichung" und der Teilnahme, des „Mit-Lebens" mit den Anderen, Ausgegrenzten, unsichtbar Gemachten; Verzicht auf „Leben um jeden Preis" und Wiedergewinnung von Leben jenseits des verbissenen und aussichtslosen Kampfes gegen den Tod, Wiedergewinnung also des Menschen in seiner Endlichkeit, d. h. in

[38] F. *Schupp*, Schöpfung und Sünde, 585.

seiner einzig erträglichen Menschlichkeit. „Memento vivere!"; „Memento mori!"

Franz Overbeck, der skeptisch blieb und die Christen nicht gerade gerüstet fand, vermochte auch Kierkegaard (von Schopenhauer war bereits die Rede) nicht als Ausweg oder Hilfe zu empfinden. Ihm, der bei Drewermann als theologischer Zeuge der Anklage fungiert, hat er etwas vorgeworfen, das aufs Ganze gesehen wahrscheinlich ungerecht, im Kern aber nicht ganz unrichtig ist: die christliche Existenz gegen „Christenheit" und Antichristentum, gegen innere und äußere Gefahren immunisiert und den Glauben im Paradox, durch Existentialisierung und Privatisierung unbezwingbar gemacht zu haben. „Ein schlechter Vertreter des Christentums", befand Overbeck, „ist zu dessen Kritik immer noch besser legitimiert als ein unanfechtbarer."[39] Er meinte, daß das Interessanteste am Christentum gerade seine Machtlosigkeit, seine Anfechtbarkeit und Angefochtenheit sei, seine Unfähigkeit, sich einzurichten – in der Welt, in der organisierten Religion, im Denken oder im Glauben.

Der in der christlichen Askese und in den Evangelischen Räten gemeinte kreative Verzicht ist der Verzicht auf Schutz und Sicherheit, im Sinne unbedingten Sichauslieferns an Menschen, Situatio-

---

[39] Christentum und Kultur, 279.

nen, Verhältnisse; Verzicht („Verzeihung") auf Gewalt und Vergeltung; Verzicht auch auf „Methode", und sei sie noch so radikal. Nur in solcher aktiven „Schwäche" dürfte das Christentum seine Kraft, dürfte das „eschatologische Zeugnis" seine Plausibilität besitzen. „Dieses Gefühl: hier ankere ich nicht – und gleich die wogende, tragende Flut um sich fühlen" (Kafka).

VII
GLAUBEN LERNEN

Indem Drewermann Kierkegaard rezipiert, dessen Asketik und Opfertheologie jedoch, Nietzsche folgend, eliminiert, hat er ihn gerade nicht angreifbarer im Sinne Overbecks, sondern brauchbarer gemacht für seinen eigenen, zwischen Psychoanalyse und Religion angesiedelten Versuch, den Glauben, jenseits aller (als zweitrangig erachteten) geschichtlichen oder gesellschaftlichen Bezogenheiten, aufzubieten gegen die existentielle Angst, den inneren Zwang des Bösen, gegen die neurotisierende Verzweiflung eines Lebens ohne Gott: Glauben, um gesund zu werden, um zu lernen, mit den eigenen Leiden heilsam umzugehen. [40]

Ist dies vielleicht tatsächlich die uns möglich gebliebene Form christlicher Existenz, und könnten wir in der Schule eines an Nietzsche „fröhlich" gewordenen Kierkegaard wieder lernen, zu glauben?

---

[40] Vgl. *E. Drewermann,* Strukturen des Bösen. Die jahwistische Urgeschichte in exegetischer, psychoanalytischer und philosophischer Sicht, 3. Bde., Paderborn [3]1982, 504.

Im Blick auf den „status confessionis" hatte Dietrich Bonhoeffer 1935 den visionären Gedanken geäußert, daß die Restauration der Kirche „aus einer Art neuen Mönchtums" hervorgehe, das mit dem alten nur „die Kompromißlosigkeit eines Lebens nach der Bergpredigt, in der Nachfolge Christi" gemeinsam habe.[41] „Teure Gnade" (Kierkegaard) sollte endlich gegen die „billige" aufgeboten werden[42]. Noch die Gefängnis-Reflexionen Bonhoeffers vom Mai 1944 vermitteln diesen „monastischen" Willen: das Christentum sei unfähig geworden, „Träger des versöhnenden und erlösenden Wortes für die Menschen und für die Welt zu sein", und bestehe heute nur in zweierlei: „im Beten und im Tun des Gerechten unter den Menschen". Ora et labora. „Alles Denken, Reden und Organisieren in den Dingen des Christentums muß neugeboren werden aus diesem Beten und aus diesem Tun."[43]

Häufig werden das „Beten" und das „Tun" der Christen gegeneinander ausgespielt, so daß in den Leitbildern einer erneuerten Gemeinde auf der

---

[41] D. Bonhoeffer, Gesammelte Schriften III, München 1960, 25.
[42] Vgl. D. Bonhoeffer, Nachfolge (1937), München 1989, 29–43.
[43] D. Bonhoeffer, Widerstand und Ergebung. Briefe und Aufzeichnungen aus der Haft, Hg. E. Bethge, Neuausgabe München 1970, 328. Vgl. T. R. Peters. Kirche – Wagnis für andere. Impulse für die Ekklesiologie im Werk D. Bonhoeffers, in: Stimmen der Zeit 111 (1986), 495 ff.

einen Seite die spirituelle Kirche der Beter, der „Kontemplativen" steht, die den Schritt ins gesellschaftliche Engagement wie eine alles bedrohende Gefahr betrachtet, während sich auf der anderen Seite die praxisorientierte, manchmal militante Kirche der Engagierten befindet, für die alles Spirituelle oft nur noch strategischen Wert besitzt.

Das, worum es christlich geht, wird in beiden Klischees verraten. Die spirituelle Kirche, die ausschließlich betend, meditierend, sich-selbsterfahrend zu glauben versucht, dürfte in ihrer Sonderwelt letztlich doch den Gesetzen „dieser Welt" gehorchen, die sie nicht wahrnimmt, schon gar nicht kritisch, durch die sie deshalb aber geradezu marionettenhaft gelenkt wird. Die Kirche der Aktivisten dagegen pflegt irgendwann von einer „Religion" eingeholt zu werden, die sie für sich nicht mehr realisiert, obwohl sie stimmungsmäßig völlig auf ihr basiert: noch in den unmittelbar politischen Aktionsgruppen lebt meist ein Glaube fort – unbewußt, fern jeder vernünftigen Religionskritik, also mit einer Tendenz zum intellektuellen Fundamentalismus, zur Absolutsetzung des eigenen Standpunkts, zur weltanschaulichen „Klausurbildung".

Nicht Bonhoeffers Versuch einer quasi-klösterlichen „vita communis" in Finkenwalde („Ich dachte, ich könnte glauben lernen, indem ich selbst so etwas wie ein heiliges Leben zu führen" suchte) [44] brachte für ihn den Durchbruch, sondern seine ganz christologische und ganz im Geist Israels einen Tag nach dem gescheiterten 20. Juli 1944 niedergeschriebene Erkenntnis: „... daß man erst in der vollen Diesseitigkeit des Lebens glauben lernt. Wenn man völlig darauf verzichtet hat, aus sich selbst etwas zu machen – sei es einen Heiligen oder einen bekehrten Sünder oder einen Kirchenmann (eine sogenannte priesterliche Gestalt!), einen Gerechten oder einen Ungerechten, einen Kranken oder einen Gesunden – und dies nenne ich Diesseitigkeit, nämlich in der Fülle der Aufgaben, Fragen, Erfolge und Mißerfolge, Erfahrungen und Ratlosigkeiten leben –, dann wirft man sich Gott ganz in die Arme, dann nimmt man nicht mehr die eigenen Leiden, sondern die Leiden Gottes in der Welt ernst, dann wacht man mit Christus in Gethsemane, und ich denke, das ist Glaube."

---

[44] *D. Bonhoeffer,* Widerstand und Ergebung, 401; hier auch das folgende Bonhoeffer-Zitat.

VIII
DAS GEDÄCHTNIS DER MENSCHEN
ZU SCHÄRFEN

Der Evangelische Verzicht, so zeigt sich, darf nicht methodisch-rigoros, am Leben vorbei, „geregelt" werden, wenn der Gott der jüdisch-christlichen Überlieferung im Spiel sein soll und nicht ein griechisch-stoischer oder gar manichäischer Götze in Gestalt einer rigiden Asketik: „Gott hat eben nicht die Religion, sondern die Welt geschaffen" (Franz Rosenzweig).[45] Er kann erst recht nicht, sozusagen mit Unbedenklichkeitsvermerk, therapeutisch angeeignet werden, wenn er am Ende nicht zur „Verschreibungssache" heruntergedeutet und nun vollends der Lächerlichkeit preisgegeben werden soll. Das Ernstnehmen fremden Leidens, um das es sich in diesem Verzicht handelt, ist aber auch nicht allein reflexiv, über ein

---

[45] *F. Rosenzweig,* Der Mensch und sein Werk. Gesammelte Schriften, Den Haag/Dordrecht 1979–1984, 153; vgl. *D. Bonhoeffer,* Widerstand und Ergebung, 396: „ ... der ‚religiöse Akt' ist immer etwas Partielles, der ‚Glaube' ist etwas Ganzes, ein Lebensakt. Jesus ruft nicht zu einer neuen Religion auf, sondern zum Leben."

leidgeschärftes Denken zu erreichen, wenn es stimmt, daß die Theologie, spät genug, aus religiöser Unmittelbarkeit und Praxis stammt, auf die sie angewiesen bleibt. Vielmehr ist zunächst eine Existenzweise gemeint: ein Leben, das sich aussetzt, sich tangieren läßt und sich nicht „rein" bewahrt.

Die Evangelischen Räte – die mit den Armen geteilte Armut, die Ehelosigkeit und der Gehorsam an der Seite der Einsamen und Unterdrückten – entsprechen, idealtypisch betrachtet, dieser engagierten Leidenswahrnehmung. Es sind Selbstverpflichtungen, „Verschwörungen" gegen Indolenz und Vergessen; Lebensformen, in denen die Grundmerkmale der „negativ Privilegierten" ebenso paradigmatisch wie provokativ im Gedächtnis der Menschheit wachgehalten[46] und das Unabgegoltene der Vergangenheit und Ungelöste der Gegenwart eingeklagt werden sollen. Nicht um die Mystifizierung des Leidens geht es, son-

---

[46] Auch dies kann, gleichsam im Negativ, bei Nietzsche, der Glück und Gesundheit auf Kosten der Leidenserinnerung puristisch verteidigt, studiert werden (Werke II, 802 f): „Es ging niemals ohne Blut, Martern, Opfer ab, wenn der Mensch es nötig hielt, sich ein Gedächtnis zu machen ... In einem gewissen Sinne gehört die ganze Asketik hierher: ein paar Ideen sollen unauslöschlich, allgegenwärtig, unvergeßbar, ,fix' gemacht werden, ... und die asketischen Prozeduren und Lebensformen sind Mittel dazu, um jene Ideen aus der Konkurrenz mit allen übrigen Ideen zu lösen, um sie ,unvergeßlich' zu machen."

dern um Solidarität mit den Leidenden, um das geteilte Los, die geteilten und „organisierten" Hoffnungen.

Wie mag das Leben in Zukunft aussehen, in dem diese Evangelischen Zumutungen, ohne ihrerseits die Leidens- und Todesspur noch zu vergrößern, überzeugend und eindringlich gelebt werden können – jenseits also der vergeßlichen „Fröhlichkeit" heute und der deprimierenden Traurigkeit eines „verhältnislos" gewordenen asketischen Ideals?